中华先贤人物故事汇

辛弃疾

王　媛　著

中华书局

图书在版编目（CIP）数据

辛弃疾/王媛著. —北京：中华书局，2022.8（2024.11重印）
（中华先贤人物故事汇）
ISBN 978-7-101-15740-6

Ⅰ.辛… Ⅱ.王… Ⅲ.辛弃疾（1140~1207）–生平事迹
Ⅳ.K825.6

中国版本图书馆 CIP 数据核字（2022）第 080504 号

书　　名	辛弃疾
著　　者	王　媛
丛 书 名	中华先贤人物故事汇
责任编辑	徐卫东　董邦冠
美术总监	张　旺
封面绘画	冯　戈
内文插图	张华飚
责任印制	管　斌
出版发行	中华书局
	（北京市丰台区太平桥西里 38 号　100073）
	http://www.zhbc.com.cn
	E-mail:zhbc@zhbc.com.cn
印　　刷	三河市宏达印刷有限公司
版　　次	2022 年 8 月第 1 版
	2024 年 11 月第 7 次印刷
规　　格	开本/787×1092 毫米　1/32
	印张 5¼　插页 2　字数 56 千字
印　　数	16001–18000 册
国际书号	ISBN 978-7-101-15740-6
定　　价	22.00 元

出版说明

孔子周游列国，创立儒家学说；张骞出使西域，开辟丝绸之路；书圣王羲之，留下了曲水流觞的佳话；诗仙李白，写下了"举头望明月，低头思故乡"的名篇；王安石为纠正时弊，推行变法；李时珍广集博采，躬亲实践，编撰医药学名著《本草纲目》……

这些杰出的历史人物，有的是在中华民族文明进程中做出过突出贡献、对后世产生过巨大影响的思想家、政治家，有的是对中华优秀传统文化的传承传播发挥过重大作用的文学家、艺术家、科学家，有的是为国家安定统一、民族融合团结和中外文化交流做出过杰出贡献的军事家、外交家……他们为中华民族的繁荣发展做出了伟大的贡献，他们的行为事迹、风范品格为当世楷模，并垂范后世。

他们是中华民族的先贤人物。他们的思想、品德、事迹，是中华优秀传统文化的结晶；他们的故事，是对中华民族的禀赋、特点和气质最生动、最鲜活的阐释；他们的名字，在五千年中华文明史上最为光彩夺目；他们为五千年中华文明史书写了最为光辉灿烂的篇章。

为了解先贤，走近先贤，我们精心组织编写了这套《中华先贤人物故事汇》丛书，以翔实可靠的史料为依据，细腻动人的故事为载体，真实地呈现中华先贤人物的事迹、品格和精神风貌，彰显他们的贡献和功绩，激发人们对国家民族的热爱，对中华文明、中华优秀传统文化的崇敬。

开卷有益，期待这套丛书成为你的良师益友。

目录

导　读

　　辛弃疾（1140—1207），字幼安，号稼轩，山东济南历城四风闸人。

　　北宋末年靖康之难中，辛氏家族滞留北方，祖父辛赞被迫出任金国官职。辛弃疾父母早逝，从小跟随祖父在开封、亳州、沂州、海州等地居住，辛赞常常带着他登高望远，指画江山，勉以抗金之志。

　　海陵王完颜亮南侵时，辛弃疾率领二千多人参加耿京领导的起义军。在奉表通宋的归途中，得知耿京被叛徒张安国杀害，遂勇闯敌营，缚张安国献俘行在，在南宋留任为江阴签判。此后，他历任建康府通判、司农寺主簿、滁州知州、江西提刑、湖北安抚使、湖北转运副使、湖南转运副使、江西安抚使等职。在任上曾有平茶商军叛乱、创置飞虎军、治理荒政、修治府学等举措。淳熙八年（1181），他因言官弹劾被罢职，从此开始了上饶家居的生活。此后二十多年，除了在福建、浙江等地短暂任职外，大部分时间都在带湖庄园和瓢泉别墅隐居。六十八岁时在家中因病去世。

辛弃疾是坚定的主战派，多次给皇帝和朝廷重臣建言献策，力主讨伐金国、收复失地。遗憾的是，无论隆兴北伐还是开禧北伐，都因用人不当而以失败告终，辛弃疾也至死都未能实现自己的愿望。

辛弃疾擅长写词，有《稼轩集》传世。他的词内容丰富，有的抒写慷慨激昂的爱国热情，有的抒写自由适意的田园生活，有的表现对官场逢迎的厌倦。代表作有《水龙吟·登建康赏心亭》《永遇乐·京口北固亭怀古》《青玉案·元夕》《清平乐·村居》等。

稼轩词风格多样，以豪放为主，在词史上与苏轼齐名，合称"苏辛"。

少年横槊

  黄昏，夕阳晒在大地上，一望无际的麦田被风掀起了层层金黄色的波浪。

  一匹黑色骏马在大名府的官道上飞奔，马背上坐着一位风尘仆仆的青衫少年，眼光炯炯地看向前方道路。他两脚紧踏马镫，左手紧紧地抓住缰绳，右手举起鞭子用力地抽下去。扬尘飞奔的马儿把道旁的白杨树远远地抛在身后。

  前方就是山东了，马儿放慢了脚步走进乡道。连续赶了两天两夜的路，飘着青草和泥土香味的空气让人心神舒畅，辛弃疾不知不觉打了个盹儿，差点儿从马背上掉下来。

  不远处的村庄里炊烟袅袅升起，他勒住马的缰绳，施施然朝着村庄走去。

路边有棵枝繁叶茂的老槐树，树叶被风吹得沙沙响，仿佛在向远方的游子致意。

看到树下有个老人，辛弃疾麻利地翻身下马，问道："请问老丈，附近可有住宿的地方？"

"这里没有客栈。"老人打量着这位彬彬有礼的少年，"年轻人，你从哪里来？"

"我是济南人，从燕京赶考回来。"

"近来四处抓壮丁，你独自一人赶路，可要小心了。"

好心的老人邀请辛弃疾到家中过夜。

辛弃疾问道："现在正在秋收，为什么要抓壮丁呢？"

"不晓得。"老人无奈地摇着头，"往年秋收时节家家户户都在田地里劳作，百姓们能吃上饱饭，也不用担心官府来抓丁服役。今年又加税又征兵，四方鸡犬不宁，百姓怨气冲天，难怪民间义士要起来反抗。"

辛弃疾问道："谁敢与官府作对呢？"

"附近已经立了几处山寨，不愿服役的百姓避入其中。听说大名府义军都有十几万人了，首领叫做王友直。"

在老人絮絮叨叨中，夜色悄悄地罩住这个偏远的小村庄，人们开始闭户安眠了。

辛弃疾很快就进入睡梦之中。突然一阵喧闹声把他吵醒，老人急切地说："官府又来抽丁了，你是个过路的客人，赶紧走吧。"

穷巷中的恶犬在狂吠，住在西邻的兄弟开始吵闹起来，声音越来越大，中间夹杂着妇孺的哭声。哭声好像有了传染力，过了一会儿，东舍也开始传来阵阵呜咽之声。

辛弃疾手忙脚乱地收拾东西，老人早已把马牵到后门。

"老丈，那你怎么办？"辛弃疾问道。

"我一个鳏寡老人没什么好怕的。"

庭院外面传来一阵杂乱的脚步声和吆喝声，辛弃疾在老人的催促下跃上马背，沿着乡间小路疾驰而去。

四凤闸村在济南历城郊区的小清河畔，辛氏自甘肃狄道迁居山东之后，世代居住在这里。

辛赞卧在床榻上，清瘦苍白的脸上眼窝深深凹陷，看起来有几分冷峻的气息。

又到了日暮时分，辛赞心里很焦躁，一直睁大眼睛望着门外，害怕自己没能等到孙子回来。不知过了多久，他昏昏沉沉地睡了过去。

辛赞做了一个长长的梦。梦里有一个垂髫小儿，站在庭院中朗声诵读《诗经》中的篇章，读着读着，忽然眨眼问道："爷爷，硕鼠是不是金国的猛安谋克啊？"辛赞答道："硕鼠不事劳作，却白白地占有别人的劳动成果。猛安谋克仗着金人的身份，压迫我们汉族百姓，抢夺人们的财物，的确和硕鼠很相似。"小儿握紧了拳头："硕鼠太可恶了，我要把他们赶走。"辛赞抚摸着小儿的头，轻轻地发出一声叹息。

小儿逐渐成长为英气勃发的少年，亳州大儒刘瞻到泰安担任儒学教授，辛赞便送他去跟随刘瞻学习。在刘瞻门下，少年认识了出身于同州将门世家的党怀英，二人才学出众，志趣相投，常常一起谈论天下大事，被人们称为"辛党"。如今他年近弱冠，已经能够独自漫游天下、结交各地英雄豪杰了……

辛赞脸上浮现出欣慰的神色，一绺白发绕过前额垂落在床边。

辛弃疾跪在床边，祖父的模样让他感到难受。他小时候跟随祖父在河北时，目睹金兵从汉人中抽丁当兵，强迫他们穿上女真的衣服，剃发垂辫。祖父对此愤懑不平，后来竟不得不像他们一样。

辛弃疾轻轻地把祖父额头的白发捋起来。

"你回来了！"辛赞睁开浑浊的老眼，嘴角露出了微笑，"此次燕京之行可有收获？"

"我落榜了。"

"我原不盼你考中。"辛赞费力抬起身子。

辛弃疾扶着祖父坐起来，取出一本册子呈给他。

"孙儿由泰山而北，不千二百里而至燕，沿途都做了记录。"

册子上绘满了从济南到燕京所经州府县城的地图，每帧图上都清晰地标注了位置和名称，还有密密麻麻的小字记载着各地乡村市集以及金兵驻防的情况。

辛赞赞许地说："经过两次燕京之行，你对河朔之地的山形地貌和军事部署已了然于胸，他日必能派上用场。"

辛弃疾说道："京城传言，金主有意将都城迁往宋故都汴京，并且开始在河北、山东等地征兵调粮。"

辛赞心里一沉。金主完颜亮野心勃勃，七年前为了统治沦陷区百姓，也为了进一步施行南侵计划，由会宁府迁都到燕京。不久之后，又托辞梦见青衣神人传令"天策上将，令征某国"，试探朝中大臣的态度，赞同者纷纷得到升迁，而翰林学士承旨翟永固、翰林直学士韩汝嘉因为反对而被贬职。

"国中四处征兵，又要迁都汴京，莫非宋金两国将要掀起战事？"他紧紧抓着被褥，声音低沉喑哑。

"很有可能。"辛弃疾脸色凝重地说，"孙儿还听说金使从宋国回来之后绘了一幅《临安山水图》，完颜亮亲自题诗：万里车书尽混同，江南岂有别疆封？提兵百万西湖上，立马吴山第一峰！"

"狼子野心！"辛赞睁圆双眼怒骂出声，青筋暴起的拳头用力地捶在床板上。

月色清清冷冷地洒在庭院之中，刚绽开的菊花散发出缕缕幽香。

医士给辛赞看完病，和辛弃疾说了几句话就走了。想到祖父将不久于人世，辛弃疾独自在花丛中徘徊，心中万分难过。他从小失去父母，与祖父相依为命，祖孙二人感情极为深厚。

他拔出宝剑，在月光下翩然起舞，剑气如霜，银光过处，片片黄英随之飘落。

辛赞的病愈加沉重，气息忽而粗长，忽而细弱。辛弃疾收起剑器，回到房中去服侍。

辛赞突然睁大眼睛，说道："当年金国兵马南下，徽、钦二帝北狩上京，受尽了难以想象的折磨和屈辱。北方豪绅纷纷逃奔江淮，躲避战祸。普通百姓留恋乡土，拖家带口无力逃走，只能安营结寨拼死保护家乡。后来北方被金国攻占，壮丁有的被抽去当兵，有的被捕捉到边境去出卖或交换马匹。反抗最厉害的濮州、澶州，无论老少良贱全被屠

他拔出宝剑，在月光下翩然起舞，剑气如霜。

杀，连一个婴儿也没有留下来。"

"这些孙儿从小就听您讲过。"辛弃疾说道。

"辛氏族人以为四风闸村地方偏远，或可免于侵犯，因此不肯南迁。没想到猛安谋克户来到这里，强行霸占了我们的土地，逼迫族人沦为佃农，稍有反抗便把人打残打死。祖父为了全族安危，不得已才出任金朝伪职。"

辛赞悲愤得泣不成声，苍白的脸上现出一抹红色。

辛弃疾担心祖父忧思过度，安慰道："辛氏一族得以保全，皆赖祖父之力。"

辛赞用低沉的声音说道："眼下宋金两国即将发生战事，又到了危急存亡的关头。"

"孙儿从燕京回来，沿路听闻大名府王友直聚集了十几万人抵抗金兵，山东密州赵开山、济南耿京、海州魏胜也已揭竿而起。只要北地百姓都起来反抗，金人未必能够得逞。"

辛赞瘦骨嶙峋的双手紧紧抓住孙子的臂膀，厉声说道："祖父仕金已经是千古之耻，你要以我为鉴。记住，此时当以大义为先，宋国才是我们的祖国！"

"孙儿谨记教诲。"辛弃疾向祖父郑重地承诺。

两行清泪从颊边静静地流下，辛赞松开双手，永远地闭上了眼睛。

辛氏祖宅的门口和厅堂挂满了白色帷幔，四周笼罩着沉重的悲伤之感。

丧事办完了，辛弃疾和族人聚在一起共商来日之计。

"祖父此生最大的心愿便是回归宋室。"辛弃疾环视族中老幼，语气铿锵有力，"金主完颜亮意图率兵南征，从我汉人中大肆征兵收赋，陷北地百姓于水火之中。此正是共兴大义之良机，愿各位乡亲襄助于我。"

族人鸦雀无声，半晌，一人说道："吾族既为汉人，自当为宋国效力。只是族人久已定居于此，靖康时尚未能南迁，于今更不得其便。"

所有人都默默低下了头，惟有族弟辛茂嘉朗声说道："幼安，我愿意跟随你。"

辛弃疾知道无法勉强族人，只好独自将家中屋舍田产悉数变卖，筹集起兵费用。邻近都邑有的是唯求一饱的穷苦百姓，很快便招募到二千余人。

　　里正和兵丁过来阻扰，被义军赶走了。

　　辛茂嘉有些不安："我们虽有二千多人，如果金国军队来了，如何能够抵抗？"

　　辛弃疾沉思片刻，说道："山东各州府义军中以耿京的势力最大，所率领的天平军已经攻占了东平、莱芜等地，不如去投奔他。"

　　"耿京是济南府的农民，因不堪忍受繁重的赋税和徭役，与同乡李铁枪聚众起义。听说他大字不识一个，不知道能力如何。"

　　"他既然能发展成如此声势，想必有其过人之处。"

　　秋日的清晨，四风闸村广阔的郊野上开始焚烧秸秆，浓烟之中弥漫着焦糊的味道。小清河边一群女子在浣洗衣服，不时传来打闹说笑的声音。牧童吹着竖笛，赶着牛儿羊儿来到田埂间吃草。

　　辛弃疾站在高阜之地，恋恋不舍地看了一眼从小长大的乡村，毅然转过头来，命令道："排成方阵，准备开赴东平。"

队伍中有人喊道："驱除金贼，反抗压迫！"

所有人跟着齐声喊起来，洪亮的声音在四风闸村上空飘荡。

两千多精壮士兵从历城出发，翌日已到达东平。

辛弃

东平城外修筑了多处营寨，营寨的城墙上高高飘扬着"耿"字帅旗。

天平军节度使耿京、提领贾瑞带领辛弃疾参观军营，只见演练场上有的士兵在排练队形，有的士兵在学习骑射，场面紧张而有序。

耿京说道："起初我们仅有六人，避入东山之后渐次得数十人，后来攻占莱芜、泰山，才有千百之众。贾瑞兄弟给我出了个好计策，令部众分头招人。不到三个月，附近营寨的义士都来投靠，现在已有数十万兵士。"

贾瑞微微笑道："眼下四方豪杰汇聚于此，军中缺乏将才和贤士，你愿意加入我们真是太好了。"

朝阳照在城墙上，哨楼上吹响了雄浑的号角声，晨练的士兵迅速归队。

目睹天平军纪律严明，辛弃疾深感敬佩，说道："我招募军队是为了抗金，如今情愿归于大帅统辖。"

"如此最好！"耿京大喜，随即任命辛弃疾为掌书记。"幕府中正缺一个精通文墨的秀才，请你负责军中文书往来，并保管帅印。"

十月，辛弃疾已经习惯军营中的生活。他不仅协助处理军中文书，还对许多事情提出了中肯的意见，逐渐得到耿京的信任。

完颜亮亲率六十万大军进攻宋国的消息迅速传遍各地，天下震荡。

众首领在厅堂中议事。耿京脸色深沉，高高举起一叠来自各地的信报。

"完颜亮兵分四路：第一路从海上直接攻取宋国都城临安，第二路攻取荆州江陵城，第三路由大散关进入四川，第四路进军寿春，占领两淮之后与海上大军汇合夹击临安。"

虽然早有预料，这个消息还是让众豪杰感到震惊，议事厅中七嘴八舌地争论起来。

"此次以倾国之力加兵淮上，河北山东义军根本无力阻拦，宋国危在旦夕！"

"宋国绝不会坐以待毙，必然调兵淮上全力抵抗。趁宋金两国交锋之际，我军可先攻取山东，然后挥师北上。"

"宋国向来重文轻武，抵抗也是徒然。金人一旦攻占江南，再以重兵横扫我军，我军恐怕无力自保。"

……

辛弃疾大喝一声："不管如何，金贼犯我华夏，我们就不能袖手旁观。眼下应当尽快与北方各路义军结为盟友，阻挠南侵的行动。"

"我同意。"耿京取出两封信函递给辛弃疾，"大名府王友直遣人通书，说愿意接受我军节制。郓城提领也有书来报，说义端和尚聚集千余人图谋起事，希望加入我们。这两份文书的答复，望先生为我写定。"

"可是泰山的义端和尚？"辛弃疾往日与义

端有过数面之缘，对他颇为了解。"此人号称出家人，却不戒酒肉女色，平日喜欢聚众滋事，讲论兵法夸夸其谈。"

"那都是小节。如今他聚众上千，只要愿意归附我军，先把他招来再说。"

辛弃疾应道："既然如此，我愿亲自去送文书，劝他来归。"

碧蓝的天穹上，白云漫无心思地飘着，大自然像运笔如神的画家，用手中的画笔把晚秋的泰山点染得绚丽多彩。

辛弃疾独自去见义端，约好了来归的日期，然后骑马来到方山。

方山在泰山西北麓的群山环抱之中，四壁如削，山顶平坦，远远看去外形酷似一块玉玺。方山之阳有一座灵岩寺，这座寺庙初建于东晋年间，历经七八百年仍香火不衰。

日晷渐移，山中雾霭逐渐凝聚，暮钟在山谷中回响，一声声悠远而沧桑。

马蹄声自远而近，辛弃疾英姿勃勃地从马上跳下，向前面一个人挥了挥手。那人正是从寺中来迎的党怀英。

久别重逢，别有一番亲切之意，辛党二人携手走入灵岩寺。

静室中窗明几净，除了一桌一椅一床之外，只有高高叠起的书册。

得知辛弃疾祖父去世的消息，党怀英说："此处环境清雅，泉甘茶香，最宜隐居读书。辛君若没有别的牵挂，不如来寺中与我同住。"

辛弃疾问道："兄可记得当日报国之志？"

党怀英说道："儒者以天下为念，这是老师的教诲。可惜某多次参加科举考试都名落孙山，尚未有机会报效国家。"

辛弃疾殷切地凝视着好友，说道："靖康时金人犯我河山，北方沦为外族领地，此为宋人千秋之痛。现在金人又准备南征，吾辈正当勠力为国家干一番事业，夺回失地，中兴宋室。"

"中兴宋室？"党怀英闻言大为讶异，"辛君两次到燕京赴考，难道不是想为金国效力吗？"

"我奉祖父之命去燕京，名为赴考，实为考

察京城形势。"辛弃疾娓娓讲述起自己的家族历史，"辛氏数世仕宦于宋国，靖康时士族大多仓皇南逃，我族因为人口众多，不得已羁留于北方。祖父虽被迫出任金朝伪职，心里却无时不想着宋国。每至一地，总是带着我登山临水，明察地形，以冀他日之用。"

"原来如此！"党怀英有些尴尬，他的理想只是通过科举考试成为金国的官员。

"如果你愿意投入耿帅幕下，一定有施展才学的机会。"

党怀英摇头说道："金国统治北方长达数十年，北地汉人大多已经归化，抗金谈何容易！"

辛弃疾冷笑道："归化者，归服而顺其教化也。金国以女真人为第一等人，渤海人为第二等人，契丹人为第三等人，汉人为第四等人。猛安谋克户骄纵游惰，田地尽令汉人佃莳，取租无已。北地汉人望宋国之师久矣，怎么可能顺其教化？"

"战争给百姓带来苦难，宋金两国多次议和才有今天安稳的生活。苟利于百姓，又何必在乎皇帝是汉人、金人？"

"此言差矣！"辛弃疾朗声说道，"宋国偏安江南，被迫俯首称臣，纳币求和。金主完颜亮野心勃勃，区区岁币难餍其欲，已亲率六十万大军挥戈南向。难道兄要助纣为虐、讨伐自己的父母之邦吗？"

党怀英沉默良久，说道："辛君有虎视八方之志，睥睨万物之概。然而前途渺渺难知，何不试卜一卦以观之？"

辛党二人在刘瞻门下时，每遇所见不合，便以蓍草占卜决断。

辛弃疾随即起卦，占得"离"卦，高兴地说："离者明也，万物皆相见，这是南方之卦。"

"看来辛君将得意于南方。"党怀英脸上露出失望之色，他拿起蓍草也占了一卦，却是"坎"卦。"坎者水也，正北方之卦，劳卦也。这是天意。"

辛弃疾霍然站起，说道："吾友安此，余将从此逝矣。"

山门外耸立着一块巨石，辛弃疾取出佩剑在石头上刻下一个"离"字，然后纵马而去。

十一月底，东平湖上升起袅袅青烟，仿佛罩上一层轻柔曼妙的薄纱。

　　湖畔芦苇丛中隐藏着数百艘义军战船，趁着湖水尚未结冰，士兵们一大早在船上演练阵法。湖边的瞭望台上，耿京、贾瑞和辛弃疾正在听取侦察兵汇报军情。

　　"辽阳府留守完颜雍发动政变，自立为帝。完颜亮知道自己没有退路，率兵在采石矶强行渡江，被南宋将领虞允文挫败，不久在瓜洲渡被金兵乱箭射死。金国大军全部败退，完颜雍已经派使者去南宋议和，同时停止国中征兵加赋的政策，并颁布诏令：凡我境内百姓，在山者为盗贼，下山者为良民。"

　　突如其来的变故让义军首领们面面相觑。

　　贾瑞说道："金国和宋国议和之后，下一步必然会想办法对付北地义军。"

　　耿京道："如今我们已据有莱芜、泰安、东平，且与河北义军联盟，金人暂时也奈何不了我们，只怕兄弟们心志不够坚定。"

　　众人都沉默了。完颜雍有意施行宽松的政策，那些迫于金人暴虐统治才加入义军的人，一定会陆续弃甲回乡，继续过日出而作、日入而息的生活，如此一来义军就不攻自破了。

辛弃疾说道："金国与宋国议和不过是为了眼前利益。我们都是汉人，与宋国百姓流着相同的血脉。为今之计，只有尽快派遣使者到宋国去请求获得敕封，往后抗金才能名正言顺。退一万步说，即便将来无法抵抗金军的围剿，也可以率众渡河投奔宋国。"

耿京即刻表示同意："完颜雍刚刚继位，根基未稳。宋国君臣若有长远之见，应当知道想要恢复故土，这是个千载难逢的好时机。"

贾瑞也说："这次宋金对峙中，山东豪杰开赵与本部马军将王世隆在莒县、胶西会合宋将李宝共同抗金，双方配合得很有默契。宋国对北地义军势力已有了解，必定愿意加以利用。"

"既然如此，通使之事宜早不宜迟。"

耿京环顾众将，却没有一个人响应，贾瑞也默默地低下头去。

"贾瑞兄弟，义军中除我之外属你地位最高，难道你不愿意前往宋国吗？"耿京问道。

"并非不愿意。"贾瑞无奈地说道,"我是草莽出身,如果宋国那班文绉绉的将相大臣有所诘问,恐怕对不上话。若要前往,请派一名文人同行。"

耿京说道:"那就让掌书记一起去。"

辛弃疾当众挥毫,通使的文书很快写好了,只需在末尾钤上节度使的印信,便可封签发出。他打开装着印章的锦盒,却发现里面空空如也。

"义端和尚跑了。"部下匆匆来报。

辛弃疾马上反应过来:"一定是义端偷走了帅印。"

帅印由掌书记保管,丢失帅印理当以军法论处。众将投来怀疑和愤怒的眼光,辛弃疾心里并没有一丝害怕,只是感到很羞愧。他当即立下军令状:"请给我三天时间,三天后如果没拿回帅印,我必回来就死。"

诸将领神色凛然地看着辛弃疾,出乎意料的是耿京答应了。

辛弃疾策马而出,心里似乎有熊熊怒火在燃烧,脑子里却异常清醒:"义端偷走了帅印,一定不敢留在天平军节度使的辖区之内,只能去投奔金人。"

想到这里，他朝着附近的金军驻地赶去。仲冬的寒风在耳边猎猎作响，一个裹着长长僧袍的男人正龟缩着脖子快速前行，不是义端又是何人？

"站住！"辛弃疾拦住他。

高大健硕的辛弃疾如同山岳般矗立在眼前，把义端吓得魂飞魄散，双腿一软跪倒在地上，从怀中掏出帅印，语无伦次地说："我拿走的东西在这里。你的真身乃是青兕，力能杀人，希望你顾念往日交情，不要杀我。"

辛弃疾啐了他一口，一句多余的话都不说，手起刀落，鲜血喷溅了一地，义端的头已被砍下来。

他从地上捡起帅印，提着人头纵马回到军营。

绍兴三十一年（1161）十二月，宋国皇帝赵构从临安出发，开始御驾亲征的历程。他先后去了秀州、无锡、常州、丹阳、镇江。次年正月初五日，顺利抵达建康。

十四日，金国军队已全部北还，战争基本结束了。

"站住！"辛弃疾拦住他。

五十六岁的赵构轻轻地揉着额头，两个月来忧惧交迫，夜不能寐，令他感到十分疲倦。现在终于可以缓一缓气了，他躺在龙榻上想小憩片刻，一闭上眼睛，似乎看到不久之前趾高气扬的金国使者王全站在宋国的朝堂之上，当着众多朝臣的面用污言秽语痛斥自己，并索要长江以北的土地。赵构忍气吞声地说："公出身于北方名家，奈何如此？"王全脸上现出不屑之色，宣读完金国皇帝的圣旨，大声说道："赵桓（即宋钦宗）今已死矣！"满朝文武无不咬牙切齿，赵构却不得不陪着笑脸把使者送出去。

　　"这样的屈辱何时才是尽头？"赵构握紧了拳头，他心里清楚，这次侥幸取胜并非仅靠宋国将士的英勇抗战，若非金国统治集团内部出现了问题，还不知道结果如何呢。令他意想不到的是，北方沦陷区汉人在关键时刻发挥了很大的作用。

　　建康留守虞允文来报："山东义军耿京派贾瑞、辛弃疾等十三人奉表归宋，使者已经到达楚州了。"

　　赵构心里大喜，决定亲自接见他们。

正月十九，贾瑞和辛弃疾一行进入建康城，以臣民之礼拜见皇帝赵构。

赵构说道："金人不道，弃信兴师，宋国被迫应战，使中原赤子及诸国等人陷于兵燹之灾，朕心里甚感难过。"

辛弃疾呈上文书，说道："天平军节度使耿京麾下二十多万义军，愿与宋国军队共同抗击金兵，捍卫我大宋国土。特命草民奉表通使，以大军及所据州县归于宋国统治。"

赵构问了一些北地义兵的分布和活动，辛弃疾一一作出回答。

赵构对义军使者一番安抚，说道："去年九月朕颁下诏令：如女真、渤海、契丹、汉儿一应诸国人，能归顺本朝，其官爵赏赐并与中国人一般，更不分别。望诸位勿生疑虑。"

二十三日，赵构下诏授耿京为天平节度使、知东平府兼节制京东河北路忠义军马，贾瑞为敦武郎、阁门祗候，皆赐金带。辛弃疾补右承务郎、天平节度使掌书记，其余将吏补官者二百人。枢密院即刻拟旨，并差派吴革、李彪为使臣，赍耿京官告节钺及统制官以下告身，跟随贾瑞、辛弃疾等人到耿京军中宣示。

曾经是六朝古都的建康城，因为距离金国太近而没有被选为行在，然而不改其为东南重镇的地位。靖康时期，大量的北方望族逃难到淮河以南，带来了大量的财富，大大促进了江南都市的发展。

秦淮河两岸尽是粉墙黛瓦的亭台楼阁，与北地风格迥异，连映入碧波中的影子似乎也带着几分柔情。同行者忍不住对如诗如画的风景发出惊叹，辛弃疾却凝视着遥远的北方，心里盘算着未来的道路应该如何走。

淮安运河笼罩在暮霭之中，河面平静如镜。

一艘官船离开渡口向北缓缓而行，船上挤满了官员和兵士，护送来自北方义军的十三名使者回归北地。

辛弃疾在甲板上远眺，剑眉星眼中似有气吞万里的豪情。他轻轻握住腰间佩戴的一枚铸字铜扣，手指按着笔顺缓缓滑动，写出一个"离"字。

淮河奔流的方向，远方弥漫着雾霭，水天交会之处就是海州了。

京东招讨使李宝将宋国官员和义军使者迎入馆舍，招待众人用膳之后，准备送他们回去歇息。这时，吴革、李彪期期艾艾地说："我们都没有去过金国，对北地形势毫无了解。此处已是宋金交界处，请诸位回去告知耿帅，来这里接受官告节钺及统制官以下告身吧。"

辛弃疾见二人胆怯如鼠，不禁怒形于色："朝廷命二位去耿帅军中宣示节钺，岂能说不去就不去？"

吴、李二人坚决不肯前行。

李宝赶紧打圆场，说："战事方已，两国尚未进行正式和谈，吴、李二人不愿入北也在情理之中，下官愿遣统制官王世隆率领十数骑同行。"

贾瑞、辛弃疾无奈，只好同意了。

翌日，众人准备渡淮去山东。有人送来了信报："天平军将领张安国、邵进趁乱杀死耿京，投降金国，当上了济州知州。二十余万义军大多被遣散，还有五万人投降了金国。"

贾瑞听到这个消息，又气又急，眼泪扑簌簌地流下来了。

李宝说道："事已如此，不如请诸位留在我军中，如何？"

辛弃疾拔出佩剑，大声喝道："我受主帅派遣来归朝廷，没想到发生这样的异变。不杀张、邵二人，如何向朝廷复命？李大人，请借兵给我。"

李宝敬佩辛弃疾是条热血汉子，爽快地答应了："你需要多少人马？"

辛弃疾心里盘算了一下，答道："只需五十名勇士。"

李宝难以置信地问："五十名？"

辛弃疾笃定地说："对，五十名。"

王世隆在完颜亮渡淮时已归李宝调度，此时毅然说道："我愿与你同去。"

忠义人马全福熟悉济州地形，也愿意一同前往。

骏马从马厩里牵出来，辛弃疾和五十勇士迅速跨上马背，朝着北方疾驰而去。

黄昏的落日洒下一片金灿灿的颜色，广袤的海州平原上烟雾袅袅升起，远远望去宛如一幅画图，浑不知是烽烟还是炊烟。

辛弃疾双腿夹紧马肚子，马儿便哒哒地跑了起来，绕过关防和城池一路向北。

数十名金国士兵戍守在济州府治所的门口，见到辛弃疾率领着骑兵从远处飞奔而来，迅速端起兵器，喝道："什么人？"

虽是寒冷的早春，辛弃疾脸上挂满了汗水，他坐在马背上高声喊道："叫张安国出来。"

一名金兵跑进去禀报。张安国正在和金国将领喝酒作乐，已经喝得醉醺醺的，许是仗着衙门士兵众多，竟然独自一人走了出来。

辛弃疾见到张安国，即刻驱马上前将他擒住，绑住手脚扔到马背上。五十勇士击退了驻防的金兵，迅速驱马离去。等到援救的金兵赶来时，辛弃疾和五十勇士早已远去，想要追赶已经来不及了。

辛弃疾和五十勇士连夜疾驰，第二天清晨已经到达海州。

淮河沿岸枯黄的芦苇丛长出新的叶子，小鸟在其中飞腾扑动，早春的野趣迎面而来。辽阔的苍穹上闪烁着几颗晨星，辛弃疾回头望了一眼故乡的方向，又继续往前方驰去。

辛弃疾见到张安国，即刻驱马上前将他擒住，绑住手脚扔到马背上。

平戎策

绍兴三十二年（1162）闰二月，张安国在临安被当众处决，辛弃疾留任为江阴签判。

六月，赵构将皇位禅让给太子赵昚。

七月，赵昚为抗金名将岳飞平反，追复原官，并赐谥号"武穆"。

判建康府兼行宫留守张浚隐隐感觉到，三十年来主和的风气即将发生改变。过去一年里，赵昚曾几次亲临建康指挥作战，果敢而稳重的处事风格给大臣们留下很深的印象。不久前赴行在奏事，张浚俯身下跪向皇帝行礼，赵昚亲自扶起他，殷切地说道："我家有不共戴天之仇，若不及身图之，将谁任其责？"声音那么温和，又那么坚定……

张浚脸上隐隐地露出微笑，一朝天子一朝臣，他期待着不久之后的政局变化。

辛弃疾在门人引导下来到厅堂，向张浚行礼问安。

张浚客气地说："辛君奉表归宋时言谈得体，事变之后擒拿张安国又表现得智勇过人，真可谓北人之杰。"

辛弃疾开门见山说明来意："金人亡我之心不死。大人在完颜亮南侵之际力主抗战，深孚众望，故下官不揣浅陋，愿粗陈鄙见。"

张浚很感兴趣地说："愿聆听辛君高见。"

辛弃疾说道："宋金二国对峙，一直以来宋廷处处忍让，反而让金国以为软弱可欺。若非如此，又怎会屡次陷入困境？金主完颜雍刚刚篡权夺位，政权尚未稳固，当前正是兴兵北伐恢复失地的大好时机。"

张浚为难地说："谈何容易呀！"

"我是从北方来的，最了解金国的事。金兵虽然善战，但调遣极为困难。完颜亮要犯江南，整整两年才调发到聚。金国虽然号令简捷，不像宋国朝廷上许多周遮，但彼方人才逼迫得太急，也很容易生变，因此调发甚为艰难。我们只要战略部署得当，一定可以马到功成。"

辛弃疾拿出一幅地图打开来，指着地图上标识的几处地方，继续说道："如果要出兵北伐，可以采取分兵进攻的策略。分几军趋关陕，他必拥兵于关陕；又分几军向西京，他必拥兵于西京；又分几军望淮北，他必拥兵于淮北；再使海道兵捣海上，他又得拥兵捍卫海上。如此一来，其他地方的守卫就必然会空弱，我们只需审察对方形势，秘密派几万精锐之师直接进攻山东，再下明诏令山东豪杰自为响应，届时金人从各地调兵援助必然首尾相应不及。等山东为我所据，继续挥师北上，夺取中原、燕京自不消得大段用力。"

"好计策！"张浚缓缓地点头。

"大人的见识非常人能及。若您向朝廷建言北伐，我愿任由驱使。"

张浚默然不语，半晌才答道："战争是国之大事，我只受一方之命，恐不能做主。"

看到辛弃疾露出失望的神色，张浚安慰道：

"也不是没有可能，且行且看吧。"

辛弃疾黯然告辞。宋国官员做事循规蹈矩而又拖沓繁冗，说话客气有礼而又态度模糊，让他感到难以适应。

江南的冬天阴雨蒙蒙，冷风刺骨，范邦彦家因为几位客人的到来显得热闹而温暖。

范邦彦是北宋末年的太学生，靖康之难中滞留金国，后来考中进士，出任宋金交界处的蔡州新息县令。完颜亮南侵的时候，他率领豪杰开蔡城以迎王师，随后举家南归，被任命为湖州长兴丞。

"我们这些北方人，还是得喝北方的酒。"范邦彦取出一坛酒倒在杯里。

周孚品了一口，说："这是用燕西金澜山泉水酿成，极为醇厚。"

辛弃疾也喝了一口，赞道："果然是好酒！辛某二十三年中未始得见名酒，今乃大佳。"

周孚比辛弃疾年长六岁，出自济北将门世家，因为身无官职，暂时在范邦彦手下担任吏职。几杯过后，他开始喋喋不休地说："大人是金国的进士，当日举县迎接王师是何等壮举，南归之后仅添差为县丞，真是不公平啊。"

"千万不要这样说。"范邦彦赶紧制止了他，"我们都是汉人，奉赵氏为正统乃是大义，何必在乎一时得失。"

周孚说道："朝廷对于归正人的政策总不稳定，一会儿说南方地狭人稠，难以安置那么多难民。一会儿说唯恐存恤不周，令北人不能坚定心志。说到底，都是见斥之意。"

范如山不满地说："若论出身，当朝君臣几个不是从北方来的？北地汉人诚心归附，朝廷纵使不能妥善安置，至少也不能歧视和排斥。"

范邦彦的夫人张氏轻轻拍了拍儿子的肩膀，说道："我们已属幸运，一家老小从北到南都齐齐整整的。像周君、辛君这样孤身南下的义士，才令人敬佩呢。"

"再也回不去了。"想起自己的家乡，范邦彦喉咙里有些哽咽。"范氏是邢台著姓，尧山范解村方圆十里都是范氏族人，自我举城反金以后，族人惧怕受到牵连，都纷纷迁往其他地方了。"

辛弃疾也想起自己四处离散的族人，默默地给范邦彦斟满了酒。

范邦彦用巾帕擦了擦眼睛，说道："只盼早日北伐收复失地，就可以和族人团聚了。"

隆兴元年（1163）正月，张栻从建康来到临安。

父亲张浚刚刚被任命为权枢密使，都督建康镇江府、江池州、江阴军屯驻军马，主持江淮一带的防守事宜，在朝野中具有极高的威望。刚过而立之年的张栻担任宣抚司都督府书写机宜文字，在皇帝和父亲之间传达消息，因此经常出入朝堂，被朝中大臣视为新贵。

赵昚在便殿接见了他。帷幕被风吹起，走廊底下寂无一人，只有君臣二人在款款密谈。

"朕问过侍从、台谏，预议者十四人，主和者半，可否者半，主不可和者仅胡铨一人而已。主和者认为只有同金国讲和，百姓才能够得到休养生息。等北方中原形势发生变化，出现有利时机以后再来实现计划。"

张栻答道："臣父说，金国强大了就来侵扰，衰弱了自然停止侵扰，这根本不是和不和的问题。金国想要讲和难道是害怕我们？是爱护我们？不，只是想麻痹我们而已。"

赵眘赞许地点头，心里似乎有了决断。

张栻又说："臣父无时无刻不在准备着。一旦有事，还请陛下移跸建康。然而宫禁左右最好少带人，又百司之类亦且带紧要的去。"

赵眘道："朕独自去罢了，后妃宫禁之类全不带一人去。临安淫侈之甚，如何居！"

张栻跪地叩谢："如此甚好，只是计划须得周密，勿要告知他人才好。"

"好，朕不言，卿也不许漏泄。"赵眘正想命张栻退下，突然又想起一事。"太上皇想见见你。"

寿德宫中富丽无比，一缕清香从铜鹤香炉中缓缓飘出，炉边放着一本《道德经》。太上皇赵构气定神闲地坐在榻上，接受张栻行礼。

赵构问道："边境可还安好？和议之事谈得顺利吗？"

张栻答道："边境防范甚密，可以放心，只两国之事不可和。"

赵构又问："你的母亲可安好？"

张栻答道："母亲已经去世很久了。"

赵构怃然不乐，说道："你的父亲初娶没有子嗣，曾经来与我商量，没想到现在你已经这么大了。"

"臣家受国恩典非仅此一事。臣父常说秦桧弄权的时候，若非陛下保全，已无此身矣。"

"卢仲贤出使金国，可见过吗？"

"臣见过了。"

"你的父亲如何看？莫便议和否？"

"臣以为金人必衰败，国家必隆兴。"

"如何说？"

"太上皇帝仁孝之德上格于天，又传位圣子，虽古之唐虞无以过。而金人不道，篡夺相仍，无复君臣父子。上苍会庇佑哪方，不是很明显的吗？"

"极是，然而金人真的衰落了吗？"

"自完颜亮送死之后，金国士马物故者众，诸国背叛，人心怨离，已经显出衰落之象了。"

"大战过后，不仅金国衰弱，吾国亦未免力弱。仲贤已经回来，尚不知道他如何应对。"赵构缓缓喝下一盏茶水，"只是说与卿父，今日国家须更量度民力国力，早收拾取。听闻契丹与金相攻，若契丹事成，他日自可收卞庄子刺虎之功。若金未有乱，还是应该恤民治军，待时而动。"

张栻说道："臣父的责任是保卫边隅，谨于战守，此事要看庙堂如何议，愿无贻后悔。"

赵构见话不投机，便不再谈论政事，命人奉上香茶，说："朕与卿父义则君臣，情同骨肉。卿今日行奏来，朕有香茶与卿父为信。"

张栻从内侍手中接过茶叶，叩谢太上皇的恩赐。

赵构亲自送张栻到门边，说道："与卿父说，不如和好。"

四月，筹谋已久的北伐开始了。

宋将李显忠率军攻打灵璧，邵宏渊率兵攻打虹县，随后二军合力攻克宿州。五月十一，金将纥石烈志宁率兵抵达宿州，与孛撒大军共同围攻宿州。李显忠督促士兵迎战，力不能支，邵宏渊不加支援，反而建议两军放弃宿州后退。次日再战，邵宏渊依然不愿伸出援手，李显忠只好跟随邵宏渊退兵。金兵乘胜追击，在符离大败宋军。

一场轰轰烈烈的北伐仅维持了二十余天就仓皇落幕了。

寿德宫中，赵昚给父亲叩头问安。

赵构翻开《道德经》，似有所指地念道："曲则全，枉则直；洼则盈，敝则新；少则得，多则惑。是以圣人抱一，为天下式。不自见，故明；不自是，故彰；不自伐，故有功；不自矜，故长。夫唯不争，故天下莫能与之争。"

"我不甘心。"赵昚郁闷地说。

"这可是你违反宰相史浩的意见，绕过三省和枢密院直接下的命令。"赵构摆出睿智而宽容的态度，"朕已告诉过你，勿信张浚虚名，将来必误大计，他专会把国家名器财物做人情。你不听朕的话，如今却有何言？"

赵昚听了赵构的训斥，低头不语。

赵构又说："我朝自开国以来便是士大夫与皇权共治天下，言官最可畏，若是取胜倒也罢了，可是以失败告终，就只能顺从他们的意思，与金人重新达成和议。"

赵眘无奈地紧握拳头，对仓促出师心生悔意。

"儿臣只有一个要求：怜彼此之无辜，约叛亡之不遣，使归正之士咸起宁居之心。"

赵构脸上闪过一丝尴尬神情，随即镇定地说："过去确曾有内燕地人被发遣归国的情况，都是权臣所误，朕追悔莫及。伪齐尚能置归受馆，立赏以招吾民，大宋奈何却之？"

赵眘恭恭敬敬地磕头退下。

隆兴二年（1164）十二月，宋金达成和议，约定赵眘对金自称侄皇帝，每年进贡银二十万两、绢二十万匹。

范邦彦家的庭院中，一株文官花已经完全绽开，枝头著满白色、绿色、绯色、紫色的花朵，无比繁丽袅弱。

几位北来的士人一边饮宴，一边赏花。

辛弃疾心情郁郁不乐，听歌女们唱着小曲儿：

　　家住江南，又过了清明寒食。花径里一番风雨，一番狼藉。红粉暗随流水去，园林渐觉清阴密。算年年、落尽刺桐花，寒无力。

　　微风吹过，庭院中的小径上落红遍地，几只流莺飞燕在屋檐下叽叽喳喳地啼叫。本就有些惆怅的歌词，用江南的温软腔调唱出来更令人沉醉，不知今夕何夕。

　　"停了吧。"辛弃疾无聊地挥挥手。

　　歌女们离席而去。

　　"大好形势，竟输得一败涂地，可悲可叹！"辛弃疾喝了满满一杯酒，"符离战役中不战自溃，有了这个前例，以后宋国军队的风气就败坏了。"

　　"邵宏渊才能有限且心胸狭隘，嫉妒李显忠屡立战功，故意加以阻挠。传说李显忠被迫撤兵时，绝望之下仰天长叹：天未欲平中原耶？何阻挠如此！"周孚长叹一声。

　　范如山愤恨地说："李显忠英勇无匹，奈何是个北方来的降将，不比邵宏渊自入伍以来便是韩世忠部下，纵使骄横善妒，也有人护着。"

　　范邦彦举杯一饮而尽，说道："经此一役，金国气焰又见涨了。正月使者入见，陛下要求由阁门转呈金使的国书，金使坚持按照绍兴和议的旧仪，由皇帝在殿上亲自起立，从使者手中接受国书。双方为受书仪僵持不下，最后太上皇要求遵循旧例接见金使，陛下也只好照办。"

"战败求和，自然只能任人侮辱。"

范邦彦开始对抗金有些暗淡的想法："完颜雍继位之后，选贤治吏，轻敛薄赋，北方百姓生活趋于安稳。宋金两国格局又将有新变。"

"北伐本就颇有争议，大败之后要重整旗鼓就难了。"辛弃疾叹道。

他似乎意识到，自己将不再有机会上疆场奋战了。

清夜如水，室中烛光忽明忽暗。

新婚妻子赵氏拿着一件棉衣，轻轻地披在辛弃疾身上。赵氏是知南安军赵修之的孙女，她摸着微微隆起的肚子，低声对丈夫说："稹儿又乱动了。"

辛弃疾却毫无察觉，仍然低头奋笔疾书。

"何谓形？小大是也。何谓势？虚实是也。金人土地广阔，财富充足，兵马众多，这只是形大而已，并不能代表真正的实力。金人统治的地方虽然辽阔，但百姓多数是宋国的遗民，人们从感情上更加愿意归顺大宋。他们的军队是来自占领区的百姓，财赋也是从占领区百姓搜刮而来，人民并不是心甘情愿为金国效力，一旦风吹草动，便会起义反抗。只要宋国君臣上下同心，坚持北伐，就一定能够收复失地……"

洋洋洒洒的万言书写完了。从"虏人之弊"和"朝廷之所当行"两端，分"审势""察情""观衅""自治""守淮""屯田""致勇""防微""久任""详战"十个方面详细论述了抗金大计。

合上折子，辛弃疾喃喃自语："献芹负日，各尽野人之寸心。"

他郑重地在封面签条上写下"美芹十论"四字，准备呈献给皇帝。

他郑重地在封面签条上写下"美芹十论"四字，准备呈献给皇帝。

江南游子

六年过去了。

天上残月逐渐西沉，薄薄的雾气弥漫在临安城中。

垂拱殿中点上了明亮的蜡烛，赵昚坐在桌旁批阅奏章。从登基之日起他立志要中兴宋室，收复失地，然而隆兴失败让他看清楚朝廷中无人可用的现状。这些年来他勤于政务，事事亲力亲为，努力积累财富，如今府库充盈，内府之金至于贯朽而不可校。

右仆射、同中书门下平章事兼枢密使虞允文轻轻地走进殿中，向皇帝行跪叩礼。

赵昚从案上堆叠的奏疏中抬起头，说道："朕昨晚又梦见金使入见，要朕亲自在殿上站立受书。"

虞允文说道："日有所思，夜有所梦，这是因为陛下心结未解。"

"丙午之耻，愿丞相与朕共雪之。"

"是。"虞允文小心翼翼地揣摩皇帝的心思，"臣以为，近年北地多发水旱，虏势衰弱可图，可遣泛使前往金国，责令归还洛阳、巩县的先圣陵寝地，并更改受书仪。"

赵眘露出欣慰的神色，说道："虞相的建议甚好，可以下台谏商议。"

张栻被传召入内商议。

隆兴二年（1164）张浚去世，张栻扶柩归葬，然后在长沙岳麓书院讲学。隐居多年之后再次入宫觐见，他的头发已经花白。

赵眘有点怜惜地看着他，轻声问道："卿知虏中事否？"

张栻答道："臣不知。"

赵眘说道："虏中饥馑连年，盗贼四起。"

"虏中事臣虽然不知，境中之事却知道得很详细。"

"卿知何事？"

"臣窃见比年诸道亦多水旱，民贫日甚，而国家兵弱财匮，官吏诞谩，不足倚仗。即便对方如今可图，恐怕我方实力未足以图之。"

一番对答，赵眘意识到眼前已经不是多年前那个激切地主张恢复的人。他仍不死心地问道："朕打算派人去金国请求河南陵寝地，卿以为如何？"

张栻取出一份奏疏，读道："臣以为陵寝隔绝，虽然是臣子不忍言之至痛，然而现在不能奉词以讨之，又不能正名以绝之，却欲卑辞厚礼以求于彼，其于大义已为未尽。……今日但当下哀痛之诏，明复仇之义，明确地断绝与虏人的交往，然后修德立政，用贤养民，选将帅，练甲兵，治其实而不为虚文，则必胜之形将隐然可见。"

赵眘仔细读完奏疏，微微点头道："不战，不和。此论倒是闻所未闻。"

张栻恳切地说："欲复中原之地，必先收中原百姓之心，欲得中原百姓之心，必先固吾境内百姓之心。不独臣如是观之，士大夫多如是观之。"

张栻告退出去。赵眘有些闷闷不乐，问道：

"天下士论竟是如此吗？"

虞允文低垂着头表示默认。

赵眘叹道："再过若干年，恐朝中已无恢复之臣了吧？"

秋日，建康留守史致道邀请众名士在建康城西下水门的赏心亭饮宴雅集。

担任建康通判的辛弃疾站在赏心亭中俯临秦淮河，饱览四方山光水色，遥想六朝形胜、南国风物。

座中淮西江东军马钱粮总管叶衡、江南东路转运副使赵德庄、江南东路转运判官韩元吉和建康府观察推官丘崈正在畅谈古今，飞觞举白。

史致道说道："今日济济英才齐聚于此，可谓一时之盛。"

众名士纷纷举杯致意。

伴随着丝竹之声，歌女唱了一曲《西洲曲》，声音悠扬婉转，别有一番江南情味。

史致道说道："歌曲虽好，却不应景。不如在座诸君即兴填词，如何？"

叶衡笑道："有此才力者，只有辛君一人。"

众名士随声附和，辛弃疾略加沉思，便在纸上写道：

我来吊古，上危楼、赢得闲愁千斛。虎踞龙蟠何处是，只有兴亡满目。柳外斜阳，水边归鸟，陇上吹乔木。片帆西去，一声谁喷霜竹？　却忆安石风流，东山岁晚，泪落哀筝曲。儿辈功名都付与，长日惟消棋局。宝镜难寻，碧云将暮，谁劝杯中绿？江头风怒，朝来波浪翻屋。

歌女依照《念奴娇》的调子开始奏唱，众名士跟着叩打节拍。

一曲奏完，众人纷纷喝彩。

叶衡站起来吟道：

楚天千里清秋，水随天去秋无际。遥岑远目，献愁供恨，玉簪螺髻。落日楼头，断鸿声里，江南游子。把吴钩看了，栏干拍遍，无人

会，登临意。　　休说鲈鱼堪脍，尽西风，季
鹰归未？求田问舍，怕应羞见，刘郎才气。可
惜流年，忧愁风雨，树犹如此！倩何人唤取，
红巾翠袖，揾英雄泪？

吟罢赞道："这首《水龙吟》，字字都是北狩南渡，
不输王粲《登楼赋》。"

歌女重整丝弦，重新唱起了《水龙吟》。

秋风从秦淮河上吹来，呜咽的歌声被吹进建康
城里的千家万户。

丘崈说道："如今在这石头城里，差不多可以
说凡有井水处，皆能歌辛词了。"

叶衡却不同意："辛词非比柳词，岂是市井小
民所能欣赏的？"

"坡翁以下，乃得幼安一人。"

众人争相推许，尽欢而散。

乾道六年（1170），辛弃疾南归之后首次被皇
帝召见。

从一开始谈话，辛弃疾就知道不是一次普通的

登对。

赵昚说："虞相说你是北人中有才学的，朕想听听你对边境守备形势的看法。"

辛弃疾早已深思熟虑，不假思索地说："朝廷在东边诏修扬州城、和州城，在西边诏修庐州城、楚州城，可谓金汤屹然，守备森严。然而从备战的角度来看，两淮之地势如张弓，若中间没有兵力守卫、隔断，则金人就可以东西往来，荡然无虑。"

赵昚认真地听着辛弃疾的陈述，不时点头称赞。

辛弃疾取出两份上书呈给皇帝："这是臣写的《论阻江为险须藉两淮疏》和《议练民兵守淮疏》，臣的微见尽在其中。"

赵昚亲自接过上书，说道："望你时时留意国事，有什么想法可给朕或虞相上书。"

从延和殿出来，辛弃疾和虞允文沿着御道往宫外走去。

虞允文说道："如今宋金两国力量不相上下，万事需要相时而动。当务之急莫急于兵财。我准备在淮东重建弓弩手，并增强定海、广东水军，将马军司牧地从临安移到镇江，并着重整治三衙官兵。"

辛弃疾很赞成虞允文的想法，又说："除此之外，仍需着手延访豪杰，若能得到北地豪杰的响应，便可事半功倍。"

分手时，虞允文意味深长地说："隆兴失败之后，士大夫多主张以休养生息为主。且金国皇帝勤政善抚，轻赋重农，选贤用能，听说有小尧舜之称。此时言战似乎尚早。"

辛弃疾目送虞允文远去，细细地寻味刚才的一番话，感到他似乎深有顾虑。

夜晚的城里传来一遍又一遍打更的声音。辛弃疾埋头疾书，写道："在目前的形势下，恢复难道是困难的事吗？只要上面的人有坚定的心志，下面的人能够顺应，君子有'不事仇雠'的气节，小人有'脱有富贵'的斗志，如此则恢复之功可立矣。"

他将抗战的策略逐条详细论述，最后写下慷慨激昂的誓言："如果遵从我的建议而不能取胜，或者不遵从我的建议而能取胜，我都愿意就死，以警戒天下之妄言者。"

《九议》呈给虞允文，可是并没有得到回复。

闰五月，派遣起居舍人李焘出使金国的提议在朝廷上引起了强烈反对。

左相陈俊卿说道："现下不是庆贺新年、生辰或嫁娶之时，若违反常例派遣使者，恐怕金国皇帝会以为我们无端挑衅，从而引起祸端。"

赵昚反问道："丞相的意思是不需要讨还陵寝地？"

陈俊卿为之语塞，答道："臣以为且等一二年间，彼方疑心稍微降低，吾国事力稍为充裕，才可以遣使。"

国子博士丘崈奏道："臣以为恢复之志不可忘，恢复之事未易举。眼前宜甄拔实才，增强国力，然后才可以谈北伐之事。泛使亟遣，无益于大局，反而会增加敌国的骄纵。"

赵昚反问道："若是卿家坟墓为人所据，是否也需要索回？"

丘崈应道："臣但能诉之，不能请之。"

赵昚脸上没有任何表情，大殿上的众臣似乎能感受到皇帝的怒气。

一片寂然之中，李焘站出来奏道："丞相倡议由臣出使金国，臣不敢不去。然所请之事金国必不能听从，不能听从则臣必以死争之，这是丞相杀臣！"

赵昚仍然沉着脸，转而问范成大："范卿可愿意成行？"

范成大从容答道："臣愿意奉命出使。"

九月，临安城里下起了小雨，宫苑小径上飘落一地的梧桐叶。

祈请使范成大回到临安，带回来金国皇帝的国书。果然，完颜雍拒绝了宋国的要求。又有谍报说金国"欲以三十万骑奉迁陵寝来归"。出乎意料的是，朝廷上下一片哗然，然而无人上奏献策。

"谏官都不发一言，袖起手来冷眼旁观，我知道他们是怎么想的。"

赵昚翻阅着荆襄将帅请求增戍的奏疏，心里生出了怠倦之意。

又到元宵佳节，临安坊市中热闹非凡。

贵族妇女盛装打扮，头上戴着绢丝做成的花枝，身上穿着彩绘辉煌的华服，乘坐香车宝马出来观赏花灯。街上的花灯样式繁多，有的像鱼形，有的像龙形，有的像蝴蝶……被风一吹，烟火纷纷零落如雨，就像千树繁花。

到处欢声笑语，到处载歌载舞，一派太平盛世的模样。

留任司农寺主簿的辛弃疾，此刻独自一人坐在临街的酒楼上欣赏夜景，忍不住感慨道："没想到杭州如此繁华！"

邻座一位落魄的老者说道："过去我也曾在汴京见过如此盛况。"

一语惊醒梦中人，辛弃疾意识到这是宋国行在，自然是汇聚了物华天宝，就像故都汴京一样。

"老丈曾经去过汴京？"

"当然，我就是开封人氏，靖康时期随家人逃难至此，算起来已有四十五年。"老人神情有些落寞，"现在只能从往来使者那里得知故乡的一点消息了。"

"去年范大人出使金国，途经汴京时写了不少诗歌。"辛弃疾说道。

老人吟道："州桥南北是天街，父老年年等驾回。忍泪失声询使者，几时真有六军来？"

辛弃疾也叩打酒桌，朗声吟道："指顾枯河五十年，龙舟早晚定疏川。还京却要东南运，酸枣棠梨莫蓊然。"

"枯河——"老人的声音都哽咽了，"当年从汴京到江南的运河，龙舟巡游，商船如织，半天下之财富并山泽之百货，莫不是经由此路而运到京城的。"

"是啊，湮没五十年了，最可怜的还是北地百姓呀！"

辛弃疾还想跟老人聊些北国往事，老人却悄然起身离去。

街上有乐队奏响了大鼓唢呐，夹杂着市井男女温存的吴侬软语。中州元宵盛日早已尘封在历史之中，没有人愿意去背负那些沉重的记忆。

乐队渐去渐远，街上的人群慢慢地散去。不知何处传来一阵凤箫之声，低回婉转，意味悠长，仔细听却是一曲《青玉案》。顺着声音寻去，只见昏黄的灯光之下，一个遗世独立的身影正倚在城楼的角落里吹奏曲子。

辛弃疾随着曲调吟道：

东风夜放花千树，更吹落，星如雨。宝马雕车香满路，凤箫声动，玉壶光转，一夜鱼龙舞。

蛾儿雪柳黄金缕，笑语盈盈暗香去。众里寻他千百度，蓦然回首，那人却在，灯火阑珊处。

一杯又一杯，他喝了很多的酒，在酒楼上睡着了。

一杯又一杯，他喝了很多的酒，在酒楼上睡着了。

茶 寇

延和殿中气氛异常沉重，朝廷重臣肃然站立，脸上流露出诚惶诚恐的神色。

"还有比这更匪夷所思的事吗？"赵眘举起御案上的一堆劄子扔到地上，"四百多个漫无纪律的茶寇，既没有坚甲利兵，又没有奇谋秘画，不过是在陆梁山谷间转剽求生的乌合之众，竟然自湖北流窜入湖南，自湖南流窜入江西，如今更是睥睨两广，出入数路，令朝廷和地方官府束手无策。"

隆兴知府汪大猷垂着头，说道："下官选委贾和仲捕贼不当，愿领责罚。"

周必大奏道："贾和仲率领的鄂州三千军士是岳武穆旧部改编，乃我宋国精锐之师，加上赣吉将兵、弓手、保甲民兵，共有一万多人，讨伐茶寇却屡屡失败，甚至发生军官受伤逃跑的情况。小寇尚且如此，倘临大敌则当如何？臣以为，和仲应当按军法处置。"

赵眘点头说道："贾和仲失律如此，不诛无以警示诸将。"

殿中鸦雀无声，汪大猷跪叩道："贾和仲曾与金人在战场上厮杀，立下不少战功，并非毫无经验的新人。请陛下念其过往功劳，免去死罪。"

赵眘严厉地看了汪大猷一眼。

叶衡说道："贾和仲罪在轻率进兵。汉唐以来将帅被诛，只有逗留不进和不肯受命两种情况。如果因和仲轻敌冒进而杀了他，恐怕以后将士临敌对阵就会退缩不前。关于贾和仲的处置，何不等抓到贼寇之后别议施行？"

赵眘觉察到自己的处置有些轻率，顺着叶衡的话说道："和仲可暂缓处置。眼下急务是平定贼寇，众卿先议一议谁堪担重任？"

群臣又是一阵沉默。茶商军自从四月崛起，已给各地官府造成严重困扰，等闲之辈奈何不了他们。举荐不当将坐谬举之过，眼前汪大猷就是活生生的例子。

过了片刻，周必大奏道："启奏陛下，太学上舍魁刘尧夫曾经说过，抚州金溪县大姓邓姓、傅姓各有乡丁数千，今官军多次为贼寇所困，何不命抚州太守赵烨从中调度，令邓姓、傅姓兵丁前去围剿贼寇？"

赵眘沉吟半晌，说道："此论固然也好，只是所过扰人。"

新任江西提点刑狱方师尹颤颤巍巍地说道："臣老耄无能，恐不能胜任此职，愿陛下另行选派贤能之士充当。"

叶衡鄙夷地看了方师尹一眼，奏道："江东安抚司参议官辛弃疾熟读兵书，过去曾在耿京军中效力，耿京死后擒拿叛徒张安国来归，其人智谋勇力皆可胜任。"

"辛弃疾？"赵眘眯起了眼睛，心里出现一个高大健壮、目光矍铄的北方人。"朕同他谈过话，是个有胆识有主见的人。"

群臣心里暗自松了一口气。赵眘脸色稍霁，看了一眼这群文绉绉的儒生，自顾自起身离去。

湖南转运使李椿、赣州守陈天麟终于把辛弃疾盼来了。

自从四月茶商叛乱以来，已经多次派出官兵四处缉捕，却毫无所获。朝廷屡次降诏责罚，让他们感到压力很大。二人知道辛弃疾过去的事迹，对他心存敬畏。

陈天麟说道："茶贼亡命于江湖险阻之地，隐没在丛林之中，因此追捕极其不易。老将贾和仲总数州兵力，到贼人所据禾山洞去讨伐。一到贼垒便连夜驱迫将士上山，将士不熟悉山中地形，反为贼人所覆。后来又行招安之计，贼人识破有诈，伪立旗帜为疑兵，由鸟道逃窜而去，最终无功而返。"

辛弃疾问清楚茶商的据点和行踪，对江州都统皇甫偶说："请帮我挑几十个可用之人。"

皇甫偶应声出去，过了一会儿带着人马过来。

辛弃疾看到这一队士兵，怒道："我要的是一可当十的，这些老弱之人如何能用？"

"只有这些人了，其他稍微精壮的都被各处借调去了。"

"王琪差选士兵二千人令解彦祥统领，现在情况如何？"

"这——"皇甫倜脸上出现尴尬的神情，"解彦祥手下士兵但有九百余人。"

"竟有这么多人战殁？"

"战殁者不过百十人，其余的都窜逸而去。"

眼见地方官兵指望不上了，辛弃疾只好重新招募死军。几日后，在赣州守陈天麟的支持下，他组织了一支精壮部队。

辛弃疾率领兵马沿着衡山南麓的官道不紧不慢地跑着。

暮色黯然覆盖着大地，高阔无际的天穹上闪烁着几颗明星，远处丛林若隐若现。忽然一阵风吹来，乌云遮住了天上的星光，大地顿时黑了下去，豆大的雨点噼噼啪啪地打在树叶上。

阵雨过后，天又放晴了，月亮穿过云层露出脸来。

士兵们已困倦得人仰马翻。路边有个颓败废弃的亭子，辛弃疾举手示意众人停下，从马背上飞身跳落，耳朵贴近地面仔细倾听，没有发现任何声响，才命令众人下马歇息。

众人换掉浑身已被雨水和汗水打湿的衣服，拿出干粮开始吃饭。

士兵们饱食之后，早早进入营帐中歇息去了。过了一会儿，篝火逐渐熄灭，隐藏在黑色天幕底下的数百营帐里陆续传出此起彼伏的鼻息声，和山野田间的蛙叫虫鸣交织在一起，映衬得夜晚越发寂寞深黑。

辛弃疾的营帐里还有微弱火光，他正在阅读一部兵书，没有丝毫倦意。

"辛帅，该睡觉了。"守夜的士兵提醒道。

军中有严格的作息制度，他把书收进箱箧里，吹灭了灯，和衣躺下，许久仍无睡意，于是轻轻起身走出营帐，绕着营帐巡视了一周，没有发现任何异动，便独自坐在已经熄灭的篝火堆旁边。余烬中尚有星星点点的火花，虽至半夜犹存温暖。

他抬头看着深邃黝黑的天河，想起在耿京军营中生活的往事。

不知不觉来到宋国十几年了，大部分时间都在投闲散置，偶有机会给皇帝和宰执大臣呈献计策，可是从来没有被重视过。现在有了带兵打仗的机会，却是为了对付茶寇。

辛弃疾有些悲愤，旋即又释然了。毕竟，比起之前通判、主簿、参议官之类的闲职，江西提点刑狱兼摄帅事可以说是封疆大吏了。

或许平定茶寇之后，会有机会带兵呢？辛弃疾开始有一些渺茫的想法。

茶、酒是国家赋税的重要来源，朝廷对茶、酒买卖的管理实施买朴禁榷法，由民间自行造卖，官府从中收取税费。因为抗金战争，军政开支巨大，朝廷屡次加征茶税和盐税，商贩几乎无利可图，才铤而走险进行武装贩运。

"茶寇对抗官府，难道只是因为他们贪得无厌？"辛弃疾叹了一口气。

东方有些微亮，他已写好了一封上奏，请求降低对茶商的征税。

士兵们在赣西与湖南交界的茂林中守候了数

日，连一个贼寇的影子都没有看到。

辛弃疾说道："茶寇熟悉地形，隐藏在丛林之中，行踪飘忽，主动出击几无可能，看来只能采取诱致的策略。"

属吏黄倬、钱之望都表示赞成："萍乡东冈周氏与茶商首领是亲属，去那里蹲守，或许能有所发现。"

辛弃疾命令士兵们从山中撤退，故意留下许多痕迹，让茶寇以为他们已经远去。

数日后，在周氏家附近秘密巡视的士兵来报："二十六日，茶贼从安福由良子坑过萍乡，欲居大安龙王祠不得，遂躲藏在东冈的周氏家中。"

辛弃疾命令解彦祥："赶紧派士兵去搜捕。"

解彦祥不知道消息真假，害怕打草惊蛇，只派了四个士兵出去侦察。不久士兵回来了，却只有二人，其余二人被贼寇杀死了。解彦祥即刻带着人马到周氏门前的田地里，与贼寇对阵厮杀。

厅堂中众官员热得汗流浃背，谁也不敢摇动一下扇子。

从巳时等到酉时，解彦祥终于回来了，向辛弃疾诸人汇报："我兵已获贼寇十二首级，贼人引退遁入高峰寺中。"

吉州刺史李川喜道："既然今日已获大胜，不如先收兵吧？"

"此时不乘胜追击，更待何时？"辛弃疾果断命令解彦祥入山搜捕。

夜色苍茫，经过一天的战斗之后，将士们虽然身上带伤，脸上却是神采奕奕。解彦祥回报："我军在高峰山中与贼人决斗，又歼数人，可惜其余皆逃窜而去。"

辛弃疾安抚过将士，又叮嘱李椿和陈天麟："遭此一创，茶贼可能会流窜到湖南和岭外。岭外自有摧锋军，江西、湖南仍需设防戒备。"

李椿对辛弃疾的用兵早已叹服，随即遵从他的意见，在攸、茶陵、安仁、郴、桂阳等处设防。陈天麟也下令加强赣州的防卫。

闰九月，随着赖文政等首领主动投降，江西茶寇几乎完全绝迹了。

奏报上呈到朝廷，赵眘下诏令台谏论功行赏。

周必大奏道："辛弃疾弃本路官兵不用，自行招募民兵。而所起民兵数目太多，不仅拣择难精，兼亦倍费粮食，故宜从薄论功。"

另一位宰执说道："江西茶寇剿而未尽，被迫潜入湖南、广东，不能不说是辛弃疾的过失，臣以为理宜黜陟。"

朝廷的赏功诏颁下来，辛弃疾补除秘阁修撰。

陈天麟没有获得任何封赏。辛弃疾为他感到不平："若非招募死士，则不能平定茶寇。招募死士不属朝廷管制，若非陈天麟居间调度，则不能解决军用问题。"他给皇帝上书奏明捕贼经过，将此次功劳全部归之于陈天麟，然而于事无补。

江州城外酒馆中，辛弃疾特地设宴饯别远行的陈天麟。

"些个事，如何得。知有恨，休重忆。但楚天特地，暮云凝碧……"

宴会上，歌女唱着辛弃疾新写的词，歌声中带着些寥落悲怆的意味。

辛弃疾深有感慨地说："地方事务头绪繁多，往往需要因地制宜，因时制宜。朝中言官闻得一些道听途说之语便率然上书，着实可厌。"

"无妨。"陈天麟露出豁达的微笑，"朝廷上的事就是这样。除非你庸庸碌碌按部就班，否则便有无数是非缠身。"

辛弃疾黯然点头。招募死士一事在群臣中引起不少非议，皇帝最后表态说"辛弃疾捕寇有方，虽不无过当，然可谓有劳"，虽以褒奖为主，却也包含了许多言外之意。

飞虎军

淳熙六年（1179）夏，赵昚召湖南帅王佐（字宣子）登对。

湖南溪峒蛮在本年三月发生反叛，四月王佐率领将士入峒征讨，擒获首领陈峒，立下了大功。

王佐奏道："郴桂之地多系穷山僻壤，民风剽悍，盗贼丛生。初时臣束手无策，只能向朝廷奏事，日夜等待荆鄂大军三千人到来。幸亏陛下宸算明睿，降诏令组织本路将兵、禁军、义军、乡丁、土豪前去捉贼。臣见本路将校无可用之人，适逢流人冯湛在潭州，遂檄冯湛钤辖统制军马，会合诸路官兵，才能如此迅疾平叛。"

赵昚微微皱起了眉头，问道："本路将校无可用之人？"

"确实如此。潭州本地将校往往贪图清闲，只愿在公门服役。平日不训练，逃亡不追捕，冒名顶替也无人检举。"

"辛弃疾进了一道《论盗贼札子》。"赵昚把折子递给王佐。

王佐翻开阅看，只见写着："现在朝廷政治清明，近年却有李金、赖文政、陈子明、陈峒相继发动叛乱，乃至国家必须出动大军去剿灭。臣以为原因在于州县长官急于征收财税，对于吏员盘剥百姓的行为不敢过问。田野之民，郡以聚敛害之，县以科率害之，吏以取乞害之，豪民大姓以兼并害之，盗贼又以剽杀攘夺害之。他们不去为盗，又能如何呢？望陛下深思盗贼多发的根源，寻找平息盗贼的方略，而不是一味倚仗弭盗之兵。"

王佐有些尴尬地说："地方官吏确实是有些问题。"

赵昚说道："辛卿所言，容或为实。官吏贪求导致盗贼丛生，何以帅臣不能按察？盗贼窃发其初甚微，帅臣监司何以不预为防范，而坐待猖獗？平日又何以不修武备，不练将兵？"

王佐听出皇帝语气不满，小心翼翼地答道："湖南盗贼多发，也有其他的原因。帅臣在地方施政，凡事需要因时因地制宜，难免对州县长官略加迁就。"

"帅臣应该严格监督本路官吏，否则设来何用？"

王佐俯伏在地，只敢唯唯诺诺。

赵眘说道："朕已降旨擢升你为显谟阁待制，徙知扬州平江府，冯湛也有进用，湖南帅事就由辛弃疾接管吧。"

王佐悄悄地抹了额头上的汗，赶忙叩谢皇恩，退了出去。

辛弃疾的奏疏被原本发回了，上面有赵眘亲笔书写的御批：

"卿所言在已病之后，却不能防于未然之前。官吏贪求自有常宪，无贤不肖都知道这个道理，难道需要朝廷喋喋申谕吗？现在你已经是湖南帅了，理应领会朕的意思，行其所知，无惮豪强之吏，有什么事及时奏报。朕这番话不再屡次申说，以后只论政绩，第有诛赏而已。"

原本指望朝廷解决的问题，被赵眘照单退回。

又过了几日，朝廷降下罢湖南乡社的谕旨。

辛弃疾苦笑道："《论盗贼札子》刚刚进呈，就收到王宣子的厚礼了。"

原来，湖南旧有乡社，乡社领于乡里豪酋，大者所统数百家，小者所统三二百，自长沙以及连州、道州、英州、韶州，而郴州、桂州、宜章尤盛。乡社制度有维护民间治安的优势，但地方豪强往往结交官吏，买朴榷场压榨百姓，久而久之就变成一股恶势力。

州县吏员多由乡绅充任，他们拥有广泛而复杂的社会关系网络，有翻手为云覆手为雨的本事。州府长官级别虽高，但却是匹马上任，许多事情需要倚赖他们去实施，往往并不愿意得罪这些人。

罢乡社无异于捅掉马蜂窝，其难度可想而知。

属吏说道："过去知衡州王琰曾谋划从湖南八郡中三丁取一，组建民兵万五千人，被帅臣沈德和制止。"

辛弃疾问道："却是为何？"

"只因乡社各自为政，组建民兵而削弱乡社，必定会遭到豪强的反对。"

"看来一举解决是不可能的了。"辛弃疾陷入了沉思。

深思熟虑之后，他上奏朝廷："乡社杂处深山穷谷之中，其间忠实狡诈色色有之，但不可全部罢去。臣以为宜缩小规模，各处乡社择其首领，大者不过五十家，小者减半；乡社由巡尉、县令统属，所有兵器官为印押。"

奏报获得了批准。

春夏之际河水上涨，几处地势卑下的乡村发生了涝灾。

辛弃疾让常平司用官米招募百姓修筑陂塘，以防水患。在四处巡察时，他发现知桂阳军赵善珏将百姓租赋科折成银两，盈余部分尽收己用，随即奏报朝廷令其降官放罢。

六月，整顿乡社的运动已到尾声，四方盗贼却没有减少。

属吏说道："郴、桂的盗贼多如牛毛，乡村市井百姓喜欢聚众闹事，官府差役也苦于日日派遣，只是找各种借口推脱。"

"民风教化才是治本之药。"辛弃疾叹了口气。

他写了一封奏报，请求在郴桂的宜章、临武两县创置县学，以教养峒民子弟。

属吏好意地提醒："兴学教化奏效太慢，湖南控带二广，与溪峒蛮獠相连接，仍应有精悍之兵才能震慑得住。王宣子领帅事时强调治贼从严，平叛之后将贼众全部杀掉，虽然手段残酷，却也能起到杀鸡儆猴的震慑效果。"

辛弃疾深以为然，突然有个大胆的想法："广东有摧锋军，荆南有神劲军，福建有左翼军，湖南宜依其例别创一军。"

"这不可能。"属吏一脸不可思议，"靖康南渡以来，朝廷的精锐之师分拆的分拆，解散的解散，削则有之，岂能增创？"

"不试怎么知道呢？"辛弃疾很有信心。

飞虎军的创建方案很快制定好并奏报给朝廷。

湖南帅府中，辛弃疾召集所有僚属，让众人依计划筹办。

"潭州城北有五代时期马殷的营垒故基，可以在那里起盖砦栅作为飞虎营寨。"

"前期计划招步兵二千人，马军五百人。郴、桂盗贼大多因不满恶吏压迫而落草为寇，应该特许盗寇主动投诚，归案之后愿意从军者编入军队之中。"

"傭人之外，尚需购置战马铁甲。先从府库中支缗钱五万到广西买马五百匹。我已向朝廷奏请，今后可令广西安抚司每年带买三十匹。"

诸位僚属各领任务而去。不过数日功夫，便招募到一千多名士兵。

秋雨淅淅沥沥地下着，城北的飞虎军营地上忙得热火朝天。清理过后的地基非常平整，土墙也已经夯好了，士兵们开始架设屋梁，在梁上铺瓦。

驿卒送来朝廷的急函，辛弃疾回去处理公务。

营造司吏员前来禀报："瓦片用完了。"

辛弃疾问道："还需瓦片多少？"

"大约二十万。"

"让瓦窑加快烧制。"

营造司吏员有些为难："入秋以来已经霖雨数月，土是湿的，恐不易办。"

辛弃疾皱起了眉头，对厢官说："城里居民房屋都有沟齇瓦，每户买瓦二片即可。"

厢官答道："营垒地处僻远，需要修造衢陌才能到达，买完瓦片就没钱购买石料了。"

辛弃疾想了一下，说："告知过去僧民中犯法的人，如果愿意去驼嘴山下麻潭中采石，视工力多寡减轻刑罚。"

二十万的瓦片很快备齐，石料也全部准备妥当。数日之后，飞虎军营寨建成了。

属吏不解地问："创立军队是件大事，慢慢办成就是，何必如此着急？"

辛弃疾没有回答，默默地从柜子里取出朝廷的急函，原来是命令停止招募飞虎军的御前金字牌。

"朝廷檄牌有金字牌、青字牌、红字牌，金字牌邮置日行四百里，是由入内内侍省发出的专门传送敕书及军机文书最快的一种。"辛弃疾把玩着手里的金字牌，"朝廷签发金字牌，应该是有人故意阻滞。飞虎军已经开始招募了，就不能半途而废。"

"那您打算如何应对？"属吏担心地问道。

"当然要如实上报。"

辛弃疾把营建经过开陈始末，绘制图纸，然后呈报给朝廷。

剽悍精练的飞虎军雄镇一方，成为江上诸军之冠，湖南盗贼流窜的问题终于解决了。

赵昚看着湖南传来的奏折，说道："他真的做到了。"

周必大问道："陛下准备如何处置飞虎军呢？"

"我已答应辛卿，飞虎军隶属步军司，许差拨将佐前往潭州。"

周必大不满地说："截至七月，飞虎军已有步军一千余人，马军一百六十八人。"

赵昚说道："人数有具本奏明，是朕准许的。"

周必大抗议道："辛弃疾奏报说起盖营寨，制造军器，约至来秋可办。可是现在就想预先拨属三衙，臣有三疑，不敢辄隐：一，飞虎军建置乃因本路地接蛮猺，时有盗贼，故招募士人以制之。然而土人习其地利，专务便捷，与朝廷节制之师全然不同。二，马军未及二百人，今差将官一人，部队将二十五人，部曲少而主者多，或有十养九牧之患。三，三衙纪律严明，不容少息，于飞虎军未见其益。臣以为，最好是从飞虎军千五百人中，推择事艺高强、为众所服者为教头、押队之属，如此既可避免虚占卫兵，也可使上下相习，似为两得。"

赵眘看了周必大一眼，说道："朕记得辛弃疾平定茶寇时，周卿曾有论功宜薄之论。"

周必大迅速反应过来，皇帝已经把他的意见看成有意排挤，于是闭口不言。

赵眘露出满意的微笑。他知道归正人跻位通显，势必不为南士所喜。然而站在统治者的立场，他需要考虑的是国家利益的问题。

"还有人要奏报的吗？"

"陛下，臣有本要奏。"给事中芮辉具本上呈，"潭州自绍兴初就用税酒之法，当时兵革未息，城市萧条，州官招募酤户在城外造酒，然后运送到城里给拍户售卖，酤户运酒入城时按数量缴纳税费，官府不需出一兵一卒便能坐收渔利。辛弃疾为了创置飞虎军，变税酒法为榷酒法，由官府设立作坊统一酿造和销售，给百姓造成极大的不便。如今人多移徙，虚市一空。开始推行时所得虽多，后来利润日益减少。因为小利而丢弃方便犹且不可，更别说无利可图了。"

赵眘皱起了眉头，说道："此事容后再议。"

史浩取出一道折子呈给赵眘："臣得到一首辛弃疾在两湖写的词，谨呈御览。"

赵眘打开折子，原来是淳熙六年（1179）春自湖北漕移湖南时所作的一阕《摸鱼儿》：

更能消、几番风雨？匆匆春又归去。惜春长怕花开早，何况落红无数。春且住，见说道、天涯芳草无归路。怨春不语。算只有殷勤，画檐蛛网，尽日惹飞絮。　　长门事，准拟佳期又误。蛾眉曾有人妒。千金纵买相如赋，脉脉此情谁诉？君莫舞，君不见、玉环飞燕皆尘土！闲愁最苦！休去倚危栏，斜阳正在，烟柳断肠处。

史浩说道："辛弃疾纵然才具出众，担任的两湖转运副使职位并不低，老臣不明其何以出此怨怼之语。"

赵眘当然懂得词中的意思。汉武帝时，皇后陈阿娇受到冷落，被贬至长门宫，终日以泪洗面。遂派人携黄金百斤，请司马相如写一篇赋，用以表明心迹。辛弃疾以陈皇后自拟，分明是对自己的处境深感不满。

"辛卿的词写得越发好了。"赵眘不动声色地递给内侍，"交与教坊乐工依韵习唱。"

十一月，辛弃疾加右文殿修撰，差知隆兴府兼江西安抚使。

带　湖

　　江西上饶城北有一处地方平旷宽敞，东冈西阜，北墅南麓，前枕澄湖如宝带。淳熙八年（1181），辛弃疾将之购置下来。

　　这是南归二十年来首次建造宅邸，辛弃疾亲自设计营建方案。园林中修建了上百间房屋，可谓集山有楼（后改名雪楼），婆娑有室，信步有亭，涤砚有渚。庄园四周种植海棠，园中小径两旁种植绿竹。左偏十分之六的土地开垦成方整的田园，准备用于耕作。

　　淳熙九年（1182）十一月，在带湖庄园即将修造完成之时，言官王蔺弹劾辛弃疾"用钱如泥沙，杀人如草芥"，诏令削职为民，辛弃疾只好带着家人回到带湖庄园。

继室范氏笑道："这不正合你意吗？"她用手指着壁间一首新作的《沁园春》：

> 三径初成，鹤怨猿惊，稼轩未来。甚云山自许，平生意气，衣冠人笑，抵死尘埃。意倦须还，身闲贵早，岂为莼羹鲈鲙哉。秋江上，看惊弦雁避，骇浪船回。　　东冈更葺茅斋，好都把轩窗临水开。要小舟行钓，先应种柳，疏篱护竹，莫碍观梅。秋菊堪餐，春兰可佩，留待先生手自栽。沈吟久，怕君恩未许，此意徘徊。

"不错。"辛弃疾捋须大笑，罢官的遗恨消失无踪。

新居落成这天，上饶城里的士大夫前来观礼，辛弃疾请洪迈为他写一篇记文。

洪迈问道："不知新居以何命名？"

"人生在勤，当以力田为先。"辛弃疾思索了一会儿，"就叫'稼轩'吧。"

洪迈欣然命笔，写了一篇文采斐然的《稼轩记》。

一天，湖南部曲途经信州，前来拜访辛弃疾。

部曲诉苦道："自从大人移官江西，帅臣李椿大人便即改回税酒法，虽然帅司楼店暂且开沽，已大不如前，如今更是全部取缔了。"

"如此一来，飞虎军的费用均由朝廷差拨，言官恐怕更要指三道四了。"

部曲说道："飞虎军先是隶于步军司，后应荆襄乞请，改隶荆鄂副都统。又因湖南路别无头段军马，只能倚赖飞虎军以壮声势，于是改隶湖南安抚司节制。朝中言官有的说飞虎军骄横不可制，有的说增费太多，还有的说是乌合无赖，在帅府成队伍能够帖帖无事，一旦出戍则无异虎兕出柙。总之就是各种压制。"

辛弃疾叹道："潭州八指挥皆已废弛，飞虎军仍一军独盛，却是事实。此军不仅震慑溪蛮盗贼，也足以备御边境，可惜没有能够统驭的人。"

"大人什么时候才能复出？"部曲问道。

"我也不知道。"辛弃疾摇头苦笑。

带湖庄园的生活真是悠闲适意。

春日，辛弃疾披散着头发，穿着麻衣草鞋行走在田间，乡下人偶尔看到也不以为怪，向他微笑问好。天上云舒云卷，鸥鹭在广阔的带湖上自由自在地飞翔，辛弃疾由衷地感受到"久在樊笼里，复得返自然"的欣喜。

他坐在湖边，高高举起手中的酒壶，与鸥鹭歃酒为盟："从此我们一样自由自在。"

鸥鹭飞下来站立在水草上，圆圆的眼睛直瞪着湖边的人，没有丝毫惧意。

辛弃疾大喜，写了一首《水调歌头·盟鸥》：

> 带湖吾甚爱，千丈翠奁开。先生杖屦无事，一日走千回。凡我同盟鸥鹭，今日既盟之后，来往莫相猜。白鹤在何处，尝试与偕来。
>
> 破青萍，排翠藻，立苍苔。窥鱼笑汝痴计，不解举吾杯。废沼荒丘畴昔。明月清风此夜，人世几欢哀。东岸绿阴少，杨柳更须栽。

侍妾整整擅长吹笛，辛弃疾让她依调吹奏，自

他坐在湖边，高高举起手中的酒壶，与鸥鹭歃酒为盟。

己按拍吟唱，以此自娱。

夏日，带湖两岸的田野上蛙叫虫鸣之声不绝于耳。家家户户都在田里耕种劳作，不时传来阵阵欢声笑语。辛弃疾忍不住赞叹这里的生活：

> 茅檐低小，溪上青青草。醉里吴音相媚好，白发谁家翁媪？ 大儿锄豆溪东，中儿正织鸡笼。最喜小儿亡赖，溪头卧剥莲蓬。

庄园里稻田泱泱，辛弃疾亲自带着儿子们收割稻谷，一边给儿子们讲道："北方之人养生之具不求于人，是以无甚富甚贫之家；南方多末作以病农，才导致了兼并之患，因此贫富差别也很大。"

秋日，著名的理学家朱熹辞去江南西路提点刑狱公事的职务，返归建阳时途经上饶，顺便拜会居住在上饶城南的故人韩元吉。

辛弃疾闻知消息，即刻备好酒菜前去会面。

虽是初次见面，辛弃疾和朱熹其实早已有过交往。淳熙七年（1180）朱熹在南康军任职，见一客舟贩牛皮过境，舟中挂着新江西安抚占牌，以帘幕蒙蔽舡窗，而守卒只有三数人，于是遣人去搜检并拘没入官。后来辛弃疾的部下持帅引去，说是发赴淮东总所以供军用，朱熹才将货物发还。

"那些物件必非供给淮东军用之物，只是没有证据，不得已让你蒙混过去。"朱熹毫不客气地说。

辛弃疾坦诚相告："当时正在筹建飞虎军，乃是为此而办。"

朱熹摇了摇手表示不能认同："此等权宜之计，亏你想得出来。"

辛弃疾说道："也不是我想出来的。浙中丁钱多至三千五百者，很多人便由此去计会中使，写作宫中名字以求免税，甚至连粪船上都插着德寿宫的旗子。"

朱熹虽然没有言语，心里却不以为然。

冬日，篆冈和吉阳山覆盖着皑皑白雪，韩元吉载酒来到带湖庄园观雪。

辛弃疾陪着韩元吉游赏完带湖庄园的雪景，又设宴席款待。席间，侍女奏唱了一曲《好事近》：

凝碧旧池头，一听管弦凄切。多少梨园声在，总不堪华发。　　杏花无处避春愁，也傍野花发。惟有御沟声断，似知人呜咽。

这是首词是韩元吉最得意的作品。乾道九年（1173），他以礼部尚书的身份出使金国，汴京赐宴时听到教坊乐有所感而作。

韩元吉被勾起了过往的回忆，滔滔不绝地聊起汴京的见闻，不知不觉竟涕泪满面。

淳熙十五年（1188）初秋，辛弃疾得了一场大病。

医士诊断说是饮酒过度所致，于是把几位侍女粉卿、钱钱、田田、香香都遣走了，日间只能躺在床上看闲书。

这一病，直到年底才逐渐痊愈。

大雪纷飞，瓢泉周边的小山银装素裹，只有池塘边上的红梅含苞怒放。

辛弃疾气喘吁吁地登上小楼，在楼上凭栏远眺。

一匹黑马踏碎满地琼瑶，缓慢地朝瓢泉别业走来。马儿走到一座小桥前面停下，男子拉紧缰绳即将跃马过桥，马儿却高高地抬起前腿发出一声长嘶，止步不前。男子引马三跃而马三却，不禁大怒，拔出身上的佩剑斩下马首，然后徒步而行。

白雪覆盖的大地上染满了殷红的马血，在傍晚落日的映照下显得那般凄美苍凉。

辛弃疾大感惊异，派人前去询问。男子已到楼下，朗声说道："永康陈亮特来拜会。"

辛弃疾听到陈亮的声音，急切地从楼上飞奔而下。

原来，陈亮曾经写信给他，约定和朱熹一起来鹅湖相会，可惜因故未能成行。时隔多年之后再次约访，终于如期而至。

室中烧起了火炉，辛、陈二人坐在炉边一边喝酒，一边闲谈。

"如今天下所系望者，东序唯元晦（朱熹），西序唯公与子师（韩彦古）而已。可惜你们双方戛戛然不能相入，我倒希望有个人像伯恭（吕祖谦）一样在中间说合。"

辛弃疾意兴阑珊地说："我新近写了一首词：'不向长安路上行，却教山寺厌逢迎。味无味处求吾乐，材不材间过此生。宁作我，岂其卿。人间走遍却归耕。一松一竹真朋友，山鸟山花好弟兄。'兄觉得怎么样？"

"辛公为何说这种丧气话？"陈亮目光炯炯直视着辛弃疾。"当今世上那些自以为懂得富国强兵之术的人，实则只是狂妄蛊惑之人。他们平时不谋讲究立国的本末，信口开河地谈论富强之道，真不知何者谓之富强！陛下虽然是百代英明之主，却委任庸人，笼络小儒，白白浪费了大有作为的岁月。每念及此，我常常不胜愤悱，也曾不顾卑贱而向朝廷呈献愚见。即便从未被朝廷接纳，我也没有气馁过。"

一番话如当头棒喝，令辛弃疾重新振奋起来。

夜深灯阑，二人极论世事，喝完了一大坛酒。

鹅湖寺中平坦宽敞，竹木交映，环境幽雅。

淳熙二年（1175），朱熹、吕祖谦和陆九龄、陆九渊兄弟曾经在这里相会，展开了激烈的辩论，虽然最终因观点分歧不欢而散，却成为流传学界的一桩佳话。

辛弃疾站在殿堂前面听着飞流崇崇而下，仿佛那是哲人论辩的珠玉之声。

陈亮说道："晦翁为学但讲穷理修身，学取圣贤事业，从不及事功之说。其实义利双行、王霸并用有什么不对？做人就要有推倒一世之智勇，开拓万古之心胸。我曾与他往复辩论，彼此不能相下，希望晦翁与兄在这里也举行一场辩论。"

辛弃疾拍了拍陈亮的肩膀，表示赞同陈亮的看法。

辛、陈在紫溪住了两日，与朱熹约定的时间早已过去，却未见他的踪影。

陈亮正在感到纳闷时，门人送了一封朱熹的来信，信中说道："本来只是闲界学问，更过五七日便是六十岁人，近方措置种得几畦杞菊，若一脚出门，便不能得此物吃，不是小事。奉告老兄，且莫相撺掇，留取闲汉在山里咬菜根，与人无相干涉，了却几卷残书，与村秀才子寻行数墨，亦是一事。"

辛弃疾看完信，笑道："晦翁深知与你我不是同道中人，懒得来此理论了。"

"晦翁不来，我就该离去了。"陈亮失望地说。

辛弃疾知道天下无不散之筵席，问道："同甫，你将来有何打算？"

"兄日前曾经说，钱塘并非帝王所居，只要断牛头之山，天下就没有能够增援的军队；只要引决西湖的水，满城百姓就会变成鱼鳖。如今的腐儒谬论都说江南不可保，长江不可守，我不信这些投降卖国的言论，想亲自去京口、建康一带看看地理形势。"

辛弃疾赞许地说："南朝士人要是都像你这样，何愁不能收复失地？"

二人依依不舍地告别，辛弃疾把骏马送给陈亮，看着他飞身上马而去，才怅然回家。

夜色阑珊，屋檐上的雪水滴滴答答地落在小窗边几棵芭蕉树上。

辛弃疾独自一人坐在窗前饮酒，虽然对着庭院里盛开的梅花，心里却怏然不乐。陈亮言谈智略横生，议论凛然，充满荡气回肠的英雄气概，让他产生了惺惺相惜之感。

辛弃疾站起来，取出披风穿在身上，从马厩里牵出一匹马，心里估算着陈亮的路程，然后抄小路去追赶他。

鹭鸶林中雪深泥滑，辛弃疾几次从马背上摔下来，只能让马儿缓步而行。

四壁山崖覆盖着白茫茫的冰雪，只有山下松树林还露出青绿色。不知何处飞来一只白鹤停歇在高高的松树枝头，雪花从摇动的松树枝上簌簌飘落在头上。辛弃疾取下破帽子弹了弹雪花，只见脸颊旁边露出一绺白色的头发。

几株红梅点缀在残山剩水之间，为这萧瑟苍凉的冬日带来一抹异彩。天空中两三只大雁飞过，消失在山的那边，斯情斯景仿佛置身于画图之中。

辛弃疾没有心思欣赏冬日的美景，策马在乡间道路上快跑。

晌午时候，他来到方村，独自一人坐在酒馆里喝酒，心里恼恨没有尽力挽留朋友。

午饭过后继续前行，走着走着，忽然一条河流横亘在他面前，阻断了去路。河水尚未结冰，极目望去却不见一个摆渡的人。

　　辛弃疾怅然望着对岸，在河边徘徊了许久，马儿烦躁地走来走去。

　　再也追不上了，他只好沮丧地往回走。

　　夜幕降临，辛弃疾投宿在朋友吴氏的泉湖四望楼。孤灯映照着萧然四壁，对陈亮的思念更加强烈了。他打开窗户，天上一轮明月照在大地上。

　　邻家传来一阵幽怨的笛声。辛弃疾再也抑制不住对朋友的思念，歌道：

　　……佳人重约还轻别。怅清江、天寒不渡，水深冰合。路断车轮生四角，此地行人销骨。问谁使、君来愁绝？铸就而今相思错，料当初、费尽人间铁。长夜笛，莫吹裂。

　　五日之后，陈亮来信了，向他索要词作。

经界钞盐

早在前一年，即淳熙十四年（1187），赵构去世，享年八十一岁。

世间已无太上皇。赵昚在空荡荡的德寿宫中徘徊，条几上铺开一卷宣纸，笔砚的墨迹早已干透。他落寞地坐在德寿宫的椅子上，陷入不可自抑的悲痛之中。

赵昚和赵构之间虽非亲生父子，却胜过任何亲生父子。

赵构的一生经历过重大的社会动荡，尽管在他的统治下江南得到快速发展，积累了大量的财富，但半壁江山落入敌寇之手却是客观事实。赵昚自幼熟读诗书，深知史笔无情，偏安江南必然会留下丧权辱国的名声。从继位之初他就谋求恢复，希望能够洗刷赵氏的耻辱，不料一开始就遭遇失败，直至太上皇去世都没有机会重启北伐的计划。

赵昚沮丧地垂下了头。

周必大深怀忧虑地跪在赵昚面前，说道："陛下已经两天没有进食了，为了天下苍生，请一定要节哀顺变。"

赵昚垂下了眼睛，说道："朕要为太上皇服丧三年，让太子监理国事吧。"

周必大急切地说："陛下，国不可一日无君。自古以来，皇帝服丧都是以日易月，并不需要守丧三年啊。"

"朕意已决，卿等勿要多言。"赵昚坚定地说。

赵昚疲惫地站起来，心想，是时候做一些未雨绸缪的事了。

二府举荐人才的诏令颁布下去，各方势力都向朝廷举荐自己的人。

左相王淮说道："臣以为，以辛弃疾的才具，可除一帅。"

周必大极力反对："不可。"

王淮问道："幼安帅材，何不用之？"

周必大答道："不然。辛弃疾所杀人命，在吾辈执笔者当载之史册，何况荐其为帅？"

王淮说道："跅弛之士，国家缓急时有用。此等人能临难不顾其身，小廉曲谨的人未必做得到，平日爱惜人才正是为此。"

争论的结果，辛弃疾没有重新起用，却恢复了提举宫观的待遇。

绍熙三年（1192）春，辛弃疾被任命为提点福建路刑狱公事兼代福建路安抚使。

九曲溪畔的武夷精舍中，一代理学宗师朱熹带领弟子向伏羲塑像行礼，给他们布置了早课，然后闲步到九曲涧观赏早景。

一弯九曲清溪旋绕曲折，溪上云气弥漫，仿佛仙境般优美动人。

辛弃疾远远地看到朱熹形容清癯，一身令人肃然起敬的儒者气质，不禁纵声吟道："山中有客帝王师，日月吟诗在钓矶。费得烟霞供不足，几时西伯载将归？"

朱熹看到故友到来，笑道："你送我诗，我也应该回你一则《贺启》：卓荦奇材，疏通远识。经纶事业，有股肱王室之心；游戏文章，亦脍炙士林之口。"

二人相视一笑，携手走入茶室之中。

辛弃疾谦虚地说："在下初到福建，对世风百态皆不甚了然，愿晦翁有以教我。"

朱熹说道："很简单，只需做到三点：临民以宽，待士以礼，御吏以严。"

"吏治问题实在是积重难返啊！"

"其实，临民以宽、御吏以严，乃属一而二，二而一。"

"然则应该从何入手？"

"处处皆可入手，遵守圣人教诲便是。"

交谈许久，辛弃疾告辞而去。

夤夜孤灯，辛弃疾认真地读着朱熹写的《孟子集注》。

《孟子·滕文公上》载："夫仁政，必自经界始。经界不正，井地不均，谷禄不平，是故暴君污吏必慢其经界。经界既正，分田制禄可坐而定也。"朱熹注曰："经界，谓治地分田，经画其沟涂封植之界也。此法不修，则田无定分，而豪强得以兼并，故井地有不均。赋无定法，而贪暴得以多取，故谷禄有不平。"

辛弃疾眼前一亮，得意地浮一大白，说道："晦翁，晦翁，你想跟稼轩打哑谜，稼轩岂是不学无术的人？"

案上堆积了文牍，是属吏从架阁库中搬出来的。

辛弃疾决定从经界入手，整顿福建各州的土地问题。

绍熙三年（1192）年底，辛弃疾被召赴行在。

途经武夷山的时候，辛弃疾顺道去拜访朱熹。

朱熹赞道："福建地大物阜，负山并海，靖康以来许多北方人迁居到这里，逐渐发展成乡绅豪族。他们享有免税、免役的特权，霸占了十之六七的土地，而普通百姓则要承受种种压迫。幼安，你可做了一件造福百姓的事。"

辛弃疾站起来，恭恭敬敬地向朱熹行了个礼，说道："这都是受到夫子的启发。"

辛弃疾对朱熹的敬佩远不止此。经界损害了豪族利益，朱熹的亲戚朋友大多在福建，然而这一年里竟没有为任何人说过情，可以想象得到他抵受了多大的压力。

"听说夫子新除知静江府广南西路经略安抚使，不知年内能否赴任？"

"我暂时没有远行的打算。"

"为广南百姓计，愿夫子勿要惮远畏瘴。"

朱熹笑而不语，从书房里取出两幅书法，乃是应辛弃疾所请的斋室题名。辛弃疾打开一看，分别写着"克己复礼"、"夙兴夜寐"。

辛弃疾道别上路，朱熹与弟子黄榦相送到山门，望着辛弃疾的马车消失在道路尽头。

黄榦说道："福建帅臣可不易当。"

朱熹点头说道："所以才需要辛幼安这样的人物啊。"

黄榦说道："听说辛大人在湖南赈饥时，许多粮商趁着饥荒囤积居奇，他贴出告榜：劫禾者斩，闭粜者配！先打击不法商人，再调运资金平定粮食价格，使百姓度过了饥荒。"

"这便见得他有才，这八个字若写成两榜，便是乱道。"朱熹望着云气氤氲的武夷山，忽地又说："然而，也只是粗法。"

黄榦又问道："老师以为此人可用否？"

朱熹微微一笑，说道："辛幼安是个人才，岂有使不得之理？但他纵恣而为时，几乎听不进任何人的批评和建议。此人作帅，须得明赏罚，那么他自能顺服。过去朝廷对他的短处从不过问，对他做得过当之处又视为有害，不能很好地体恤他。等到将他罢职废置，又不敢再收拾起来重新任用。凡此种种，都是不会用人。"

黄榦点点头，心想：夫子对人从不轻许，能够得到这样的评价已属不易。

绍熙四年（1193）正月，辛弃疾到达临安。

赵眘已退位为太上皇，传召辛弃疾的是现任皇帝赵惇。

"辛卿在福建施行土地经界，收效如何？"

辛弃疾奏道："福建漳、泉、汀皆未经界，漳、泉之民不乐行，唯独汀之民力无高下，家无贫富，故常有请。臣以为经界条目分明则行之易，因而只管厘定条目，民自任之。如今已全部完成。"

"如此了一桩事，甚好。"赵惇露出欣愉的神色，"卿所言钞盐法，今且如何？"

"启禀陛下：钞盐法即用钱买钞、得钞请盐。福建上四州建宁、南剑、汀州、邵武不产盐，一向施行官买官卖。下四州福州、泉州、漳州、兴化为产盐之地，则行钞盐之法。官盐价高质粗，而强行配抑则损公扰民，臣乃改上四州盐法为钞盐，以便百姓。"

赵惇说道："朕征询广西更改盐法之弊，此事须得慎重。"

辛弃疾奏道："广西曾施行钞盐法，因缘欺罔，故无人买钞。福建钞法施行才四阅月，客人买钞几登递年所卖全额之数。"

"朕知道了。"赵惇似乎有困倦之意，想要结束谈话。

辛弃疾赶紧说道："臣还有关于北境御敌策略

的上奏。"

"什么上奏？"赵惇问道。

辛弃疾取出一篇《论荆襄上游为东南重地疏》呈上，说道："臣以为，荆襄二地向来分区而治，实在不利于江南固守，也会给金人有可乘之机。如果能合荆襄二地为一，使上游下游首尾呼应，便可应敌迅捷，攻守自如。"

赵惇没有回应，只说了几句抚慰的话，便让辛弃疾退出了。

春雨迷蒙，满城柳树染上了如烟的青绿。

辛弃疾被留任为太府卿，掌管国家库藏出纳。

秋天，辛弃疾加集英殿修撰，仍被派任知福州兼福建路安抚使。

宁越门内之东原来有官廨，号为犒军库，实际上是安抚司盐仓。帅臣往往在城内设置场、铺售卖犒军库回易盐，以供安抚司经费以及宗室、军人请给。辛弃疾见盐仓中存量甚大，派人在外地也设置了坊场。

几处坊场陆续建成，只有长溪县却不许安抚司鬻盐。

长溪县令曹盅原来是故人。淳熙四年（1177）二月，辛弃疾从京西转运使任上改调江陵知府兼湖北安抚使，曹盅正好担任江陵县令。当时有小民因为盗牛被发配到江州，鄂州副都统率逢原草菅人命，将押去沉江。曹盅向辛弃疾报告此事，才阻止了军士的恶行。

辛弃疾宴请曹盅，说道："如今府库空虚，赋税收入难以支应军费，不得已只好出售犒军库回易盐，请曹君相助于我。"

曹盅断然拒绝："福建旧有官盐买卖，因为自恃是官方生意，制作粗糙，价格更是私盐数倍。一旦百姓弃官盐而买私盐，官府便强行配抑，结果强悍之辈拒而不受，贫弱易制者配抑无时，可谓流弊至深，怨声鼎沸。"

辛弃疾问道："若能保证品质，且不行配抑，是否就可以设坊呢？"

曹盅依然不肯，说道："长溪自古是产盐之地，百姓赖以为生，开国以来未尝与民争利，窃以为不可。"

辛弃疾怒道："既然如此，你去担任福州录事参军，长溪县令就不需要你当了。"

曹蚆随即应道："既然大人有命，下官立刻命人收拾铺盖送来福州。"

数日之后，马车装载着简单的家当来到福州府，曹蚆前来向辛弃疾汇报。

辛弃疾哑然失笑："都怪我办事操切，思虑不周。既然来了，且在我府中住几日吧。"

曹蚆也不客气，便在辛弃疾府中住下了。二人日间讨论公事，夜间饮酒赋咏。不久，辛弃疾推荐曹蚆担任福州通判之职。

备安库中积镪五十万缗，这是辛弃疾担任福建安抚使不到一年的积蓄。

夜间燃亮烛火，辛弃疾清点完财物，盘算着："闽中土狭民稠，收成不好的时候需要去两广籴米，今年幸好接连丰收，若有宗室、军人入仓请米，可出粜给他们。等秋天收成之后，米价下跌，再用备安钱籴米二万石，这样就有备无患了。另外还要制造一万套铠甲，招募强壮之兵，补足军额，严加训练，以防备海盗及边患。"

"大人也作灯下筹算？"曹盅调侃道。西晋的时候，大名士王戎家中既富且贵，区宅、僮牧、膏田、水碓之属在洛阳无人能比，每天晚上都和夫人在烛下散筹算计。

辛弃疾哈哈一笑。

绍熙五年（1194）六月末，赵眘去世了。七月，赵惇禅位于嘉王赵扩。

与赵构禅位于赵眘，赵眘禅位于赵惇不同，这是一场宫廷政变。自赵眘病重以来，作为儿子的赵惇始终未去重华宫问疾，赵眘死后又不肯参加葬礼。最后在赵汝愚、韩侂胄的周旋下，由太皇太后吴氏下旨改立赵扩为帝。就这样，赵惇无可奈何地成了太上皇。

内禅之后，赵汝愚以定策之功登上相位，而韩侂胄作为北宋名臣韩琦的曾孙，又是太皇太后吴氏的外甥、皇后韩氏的叔祖，仍然拥有贵幸的地位。

没过多久，赵韩不和的传闻便在士大夫之中流传。

一部《资治通鉴》记载了多少血淋淋的党争，

每次翻阅都令人心惊。

庭前几只鸟雀叽叽喳喳地叫着。辛弃疾羡慕地看着它们高低跳跃，呼朋引伴，想起了自由自在的乡居生活。

范氏见他终日不乐，劝道："像你这般居官如入樊笼，不如辞职罢了。"

辛弃疾哈哈笑道："这话倒不错。"

他欣慰地握着老妻的手，说道："真宗时有个隐士杨仆，被皇帝召对，皇帝问他临行时有没有人作诗相送，他说只有老妻作诗一首：'更休落魄贪杯酒，亦莫猖狂爱咏诗。今日捉将官里去，这回断送老头皮。'皇帝听了大笑，于是放他回去隐居。"

长子辛稹知道父亲有乞归的心思，劝道："田产尚未购置，且不急于隐退。"

辛弃疾大怒，写了一首《最高楼》骂他：

　　吾衰矣，须富贵何时？富贵是危机。暂忘设醴抽身去，未曾得米弃官归。穆先生，陶县令，是吾师。　　待葺个园儿名"佚老"，更作个亭儿名"亦好"，闲饮酒，醉吟诗。千年田换八百主，一人口插几张匙？便休休，更说甚，是和非！

七月二十九日，右正言黄艾弹劾他"残酷贪饕，奸赃狼藉"。辛弃疾被罢官了，以集英殿修撰的名义主管武夷山冲佑观。

回上饶的路途并不遥远，沿闽江北上越过武夷桐木关，便进入信江了。

小舟在广阔的江河中飘行，江面上一群白鸥在自由自在地飞翔，仿佛在嘲笑他违背前约，贸然出仕，终究落入庙堂权臣精心编制的大网中。

辛弃疾闷闷不乐地站在船头，范氏默默地为他披上裘衣。她知道辛弃疾的性子，纵使早已怀有归隐之思，然而复出不过三年，再次以相同的理由遭到弹劾，这种羞辱是他难以忍受的。

范氏轻声说道："江上风大，还是到船舱里歇着吧。"

辛弃疾回头看了看老妻，心里莫名感激，纵声吟道：

白鸟相迎，相怜相笑，满面尘埃。华发苍颜，去时曾劝，闻早归来。　　而今岂是高怀，为千里莼羹计哉？好把移文，从今日日，读取千回。

白鸟掠过江面，飞入芦苇丛中，不见了踪迹。

党　禁

在瓜山山麓上，有一处清泉自石罅中流出，经过一道石梁，梁上有两个大窝，一如臼，一如瓢，泉水先流入臼，再经过瓢，形成优美的水纹，是为"周氏泉"。

淳熙十二年（1185），辛弃疾和门人到此游玩，无意中看到周氏泉，便把它买下，在附近建了别墅。因《论语》中记载"一箪食，一瓢饮，在陋巷，人不堪其忧，回也不改其乐"，乃将此泉改名为"瓢泉"。

罢职归来，辛弃疾着手增建瓢泉别墅。

别墅中长廊水石，曲波如镜。府堂前面有一方池塘，家人在池塘中种植荷花，养了许多青蛙，夏日的晚上虫鸣蛙叫，一片野趣。沿着府堂右侧往瓢泉方向是一座花园，种植着四时花卉，还有一片婆娑的竹林。竹林中央修了一座亭子，辛弃疾从陶渊明诗中取名为"停云亭"。瓢泉旁边筑了一座读书室，又从《庄子》中取名为"秋水观"。

瓢泉别墅营建完成，飞流万壑，共千岩争秀。

徜徉在自然山水之中，辛弃疾得到许多安慰。不为五斗米折腰、担任彭泽县令八十一天就挂冠归去的东晋隐士陶渊明，还有从中原逃难至西蜀、落魄得只能寄人篱下的唐代诗人杜甫，两位大文豪的处境尚且不如自己，却能够成为名垂千古的人物，可见一时的功名富贵、荣辱得失又算得什么呢？

他淡然一笑，写下一首《沁园春·再到期思卜筑》：

> 一水西来，千丈晴虹，十里翠屏。喜草堂经岁，重来杜老，斜川好景，不负渊明。老鹤高飞，一枝投宿，长笑蜗牛戴屋行。平章了，待十分佳处，著个茅亭。　　青山意气峥嵘，

似为我归来妩媚生。解频教花鸟，前歌后舞，更
催云水，幕送朝迎。酒圣诗豪，可能无势，我乃
而今驾驭卿。清溪上，被山灵却笑，白发归耕。

带湖庄园不幸遭遇火灾，雪楼全部焚烬，辛氏
举家迁来瓢泉居住。

几个儿子日渐长大，能够帮忙料理生计了，辛
弃疾把家事全部交付给他们。

范氏问道："你把家事交给儿子，那你自己管
什么？"

辛弃疾沉思片刻，取出一管笔写道：

万事云烟忽过，一身浦柳先衰。而今何事最
相宜，宜醉宜游宜睡。　　早趁催科了纳，更
量出入收支。乃翁依旧管些儿，管竹管山管水。

范氏抿嘴一笑："你倒是乐得逍遥。"

瓢泉旁边有一块大青石，辛弃疾手持酒壶独坐
其上，曼声吟哦，仿佛画中的谪仙人。不需要任何
丝竹，身旁的潺潺流水便是优美的曲调，树上的啾

啾鸟鸣恰似天然的伴奏，天上的白云仿佛美人儿在翩翩起舞。只看这景色，听这声音，灵感便源源不绝地泉涌而出，一首首的诗词挥笔而就。

辛弃疾似乎并不知道，一场重大的变故正在朝堂中酝酿。

九月二十七日，御史中丞谢深甫弹劾辛弃疾"结交时相，敢为贪酷"，由朝散大夫、集英殿修撰降充为秘阁修撰。

"结交时相，我哪有这样的能耐？"辛弃疾自嘲道。

无论如何，他都不肯承认自己是赵汝愚的党羽，否则怎会在赵汝愚权力臻于鼎盛的时期被罢职？他玩味着内中原因，忽然有一种不祥的猜想：赵汝愚大力引荐理学家入朝任职，以朱熹为焕章阁待制兼侍讲，以黄裳、陈傅良为讲读官。自己被扣上"结交时相"的帽子，或许是因为跟朱熹、陈傅良关系密切的缘故吧？

辛弃疾不禁为好友担心起来。果然，闰十月，朱熹因为上疏忤韩侂胄，被罢侍讲。

庆元元年（1195）二月，赵汝愚罢相，谪宁远军节度副使，于永州安置；亲近赵汝愚的彭龟年、刘光祖、杨简、吕祖俭等人纷纷遭到贬逐，理学被斥为伪学。与此同时，攀附韩侂胄的京镗、余端礼、何澹纷纷占据朝廷要职。

十月，何澹弹劾辛弃疾"酷虐裒敛""席卷福州，为之一空"。朝廷罢免了辛弃疾秘阁修撰的闲职。次年九月，辛弃疾再次被弹劾，连提举宫观之职也被罢去。

十二月，监察御史沈继祖弹劾朱熹，历数他"不孝其亲"、"不敬于君"、"不忠于国"、"玩侮朝廷"、"哭吊汝愚"、"为害风教"等六大罪，罗列了种种不堪之事，最后主张像孔子诛少正卯一样彻底清算朱熹。

朝廷上掀起了轩然大波。权贵效法北宋元祐党禁，开列了一份五十九人的伪逆党籍，朱熹被斥为"伪学魁首"，门徒被禁止参加科举考试，士林中稍称善类者皆斥逐无遗。

党禁之风甚嚣尘上，辛弃疾愈加不理世事，以饮酒吟咏自适。

庆元四年（1198），没有任何征兆，朝廷突然恢复辛弃疾集英殿修撰之职，命其提举建宁府武夷山冲佑观。虽然只是虚衔，却暗含着重新起用的意思。

信州守殷勤来贺，辛弃疾报以淡然一笑。

范氏问道："大人难道不高兴吗？"

辛弃疾没有回答，原本应该是一桩喜事，却真的高兴不起来。他心里有些纠结：此事必定出自韩侂胄的授意，韩侂胄已经站在天下读书人的对立面，自己又该何去何从？

"侂胄岂能用稼轩以立功名者乎？稼轩岂肯依侂胄以求富贵者乎？"辛弃疾扪心自问。

独坐在停云亭中，四周的水声山色是那般和谐，他忽然似有所悟：功名富贵都是过眼浮云，何必得之若惊，失之若惊？

上饶城中的园亭都用《贺新郎》题咏过，唯独停云亭尚付阙如。辛弃疾命笔写下了一阕词：

甚矣吾衰矣。怅平生、交游零落，只今余几！白发空垂三千丈，一笑人间万事。问何物、能令公喜？我见青山多妩媚，料青山见我应如是。情与貌，略相似。　　一尊搔首东窗里。想渊明、停云诗就，此时风味。江左沉酣求名者，岂识浊醪妙理。回首叫、云飞风起。不恨古人吾不见，恨古人、不见吾狂耳。知我者，二三子。

溪山如此美好，无人共赏才是最大的遗憾呢！

庆元六年（1200），黄榦派人送来了讣告，朱熹在建阳考亭家中去世了。

数年来，朱熹辗转避难于古田、顺昌，以及闽东的长乐、长溪、闽侯等地，老病之躯历经磨难，终于这年春天与世长辞，享年七十一。

回忆和朱熹交往的经过，辛弃疾抑制不住悲伤的心情，写了一首悼词：

案上数编书，非《庄》即《老》。会说忘言始知道。万言千句，自不能忘堪笑。朝来梅雨霁，青青好。　　一壑一丘，轻衫短帽。白发多时故人少。子云何在，应有《玄经》遗草。江河流日夜，何时了？

他换上吊唁的衣服，准备前去信州祭拜。

门人范开说道："右正言施康年向朝廷进言，说四方伪徒聚集在信上送伪师之葬，会聚之间必定妄谈时人短长，谬议时政得失，故令守臣加以约束，禁止门人故友前去吊唁。"

"无耻！荒唐！"辛弃疾忍不住骂道。

几名兵丁守在信州书院的路口，凡过往之人都一一盘问。

辛弃疾坐在马上挺直了腰，虎视狼顾的眼光打在兵丁身上，大声说道："在下辛弃疾，特来祭拜故友。"

兵丁被辛弃疾的气势吓住了，竟不敢加以阻拦。

辛弃疾从容地走入书院之中。空旷的灵堂前面，只有几个弟子跪守着。辛弃疾祭拜完毕，大声诵道："所不朽者，垂万世名。孰谓公死？凛凛如生。"

读完祭文，酹酒一觞，礼尽而去。

信州西二十里有一座博山，形似庐山香炉峰，常年云雾缭绕，清泉潺潺。

博山寺始建于五代，绍兴间高僧大慧宗杲偕同弟子悟本、兰亭、石泉、无住等八人奉旨驻锡于寺中，号为一时之盛。

寺旁雨岩清溪如碧，天上的行云倒映在溪水中，人行走在溪边，仿佛在行云里一样。辛弃疾在这里修了一处读书室，闲暇时便来住上几天。

驿道两侧松竹横斜。马车碌碌地在道中跑。一场大雨不期而来，山上泥石被雨水冲下来，车子难以行走。

路边有一处房子，辛弃疾驱车过去借宿。

原来是王姓人家在先人坟墓旁边建立的庵堂，已经年久废弃了。夜晚，屋子外面大风吹动柏树，急雨噼噼啪啪地打在屋顶的瓦片上，雨丝儿从窗户飘进来，打湿了地板。蝙蝠在房间里飞来飞去，掠过一道道黑影。墙角下传来窸窸窣窣的声音，似是饥饿的老鼠在四处奔蹿。

辛弃疾读完祭文，酹酒一觞，礼尽而去。

辛弃疾卧在车厢里，这座荒山野岭的坟庵让他产生一种悲伤之感，忍不住回想起过去的经历。从儿童时期父母双亡，跟随祖父四处宦游，到青年时期兴兵抗金，义无反顾地率领人马渡江南来，再到南归之后在各地辗转任职，屡被罢官。一幕幕那么清晰，他意识到自己已经走过了大半辈子，不禁懔然心惊。

　　次日风雨收住，太阳光从窗间照进来，辛弃疾取笔在墙壁上写下一首《清平乐》：

　　　　绕床饥鼠。蝙蝠翻灯舞。屋上松风吹急雨。破纸窗间自语。　　平生塞北江南。归来华发苍颜。布被秋宵梦觉，眼前万里江山。

　　也许是再次被勾起了过去的记忆，这次的博山之行似乎有些沉重，经常没来由就愁绪满怀。事业功名已成过去，他甚至有些迷惑，不知过去是在梦中，抑或眼前便是梦中。

　　侍女钱钱问道："大人为何闷闷不乐？"

　　"我——"分明心中有千言万语，却不知道该说些什么，"天气凉了，好个秋呀！"

钱钱嗔道："大人分明是有心事，你既不与我说，就自己把愁放心里吧。"

辛弃疾说道："什么愁不愁的，我又不是少年之人了。"

"少年没有心事，也要登高望远，无愁找愁。"钱钱打趣着他，"你是识尽了愁滋味，却说天凉好个秋。"

辛弃疾哈哈一笑，愁眉渐展。

冬去春来，天地间万物复苏，气象一新。

蛰居乡下的辛弃疾仿佛还在长长的冬眠中。仍没有任何起用的消息。庄园里桑麻长势喜人，他亲自率领儿子们荷锄耕种。

"难道要在乡野中耕作到老？"辛弃疾望着天上的白云怅然长叹，"我应该在沙场上驰骋杀敌，而不是在信州的乡下种植庄稼啊！"

阳光明媚，他把书房里的书搬出来，一本本摊开在院子里曝晒。

忽然一本折子映入眼帘，那是南渡不久写的

《美芹十论》。他坐在地上重新翻阅，只觉得字字赤诚，连自己都被感动了。

"有什么用，现在还不是一个乡间野老？"

辛弃疾把《美芹十论》收了起来，搁到书架最高的地方。心里的不甘和失意，却化成了笔下的自嘲：

> 壮岁旌旗拥万夫，锦襜突骑渡江初。燕兵夜娖银胡䩮，汉箭朝飞金仆姑。　　追往事，叹今吾，春风不染白髭须。却将万字平戎策，换得东家种树书。

陆放翁

　　嘉泰三年（1203）六月十一日，辛弃疾以朝请大夫、集英殿修撰的身份起知绍兴府兼浙东安抚使。

　　鉴湖风景如画，一处旧草堂安静地屹立在湖山交接之际。

　　一位年近八十的老人手里扶着拐杖，站在湖边观赏荷花。几名女娃撑着小艇在荷花丛中嬉戏，听到她们银铃般的笑声，老人也微微笑起来。

　　这是大诗人陆游。他心情愉悦地环视鉴湖的山水，朗声吟道：

　　　　少年壮气吞残虏，晚觉丘樊乐事多。骏马

宝刀俱一梦，夕阳闲和饭牛歌。

"好诗！"辛弃疾在身后拍手赞叹，"我却喜欢放翁另一首诗：生逢和亲最可伤，岁辇金絮输胡羌；夜视太白收光芒，报国欲死无战场。"

陆游见是故人来访，热情地迎他到家里，准备鸡酒招待。

盛夏的农庄中瓜果飘香，几个儿童在田地里挖土嬉戏，一派安宁静谧的田园生活图景。

辛弃疾此来，却不是为了欣赏田园风光。去年陆游应诏入京，主持编修孝宗、光宗两朝《实录》和《三朝史》。在京期间，恰逢韩侂胄生日，百官争先往贺，陆游也写了一首贺寿的诗。人们都以为陆游有意用世，谁知书成之后，他却辞去职务，独归林园。

辛弃疾不解地问："听闻朝中有北伐之议，此为贤达崛起之机，何以放翁却急流勇退？"

"上牵蔡黄犬，丹徒作布衣。"陆游说道，"月满则亏，水满则溢，这是世间恒理。"

辛弃疾沉吟不语。他明白韩侂胄发动北伐的目的，不仅为了缓和党禁带来的众多不满，更是想进一步巩固自己在朝廷中的势力。士大夫看重名节重于性命，明眼人此时无不慎重行事。陆游平生志在跃马疆场，恢复故国河山，可是当机会到来之时，却情愿为了名节而白白放过。自己此刻出山，会不会招致闲言碎语呢？

陆游似乎看出他的心思，说道："大丈夫立身出处，只问初心便是。"

辛弃疾笑道："此处风光甚佳，只是草堂已经颓败，让我为您重新修造吧。"

"多谢辛君的美意。"陆游摇头拒绝了，"这所房子我住了许多年，有很深的感情，若是拆掉改建，反而不习惯。"

辛弃疾见陆游固辞，只好作罢。

观风堂旁边的高阜之地上新建了一座亭子，左右修治小径，便于登临。

八月十三日，亭子落成了，辛弃疾亲自为其题名"秋风亭"，并邀当地文士饮宴游赏。

"秋风亭。"姜夔抬头看着题匾，"西晋时，张季鹰为齐王东曹掾，在洛阳见秋风起，因思吴中菰菜莼羹鲈鱼鲙，命驾而归。大人似有归隐之思啊。"

辛弃疾道："人生贵得适意耳，何能羁宦数千里以邀名爵。以秋风命名，正为了自警。"

众人赞叹不已。

辛弃疾说道："今日游赏不可无记，愿诸君为之。"

说罢，他率先写了一首《汉宫春》：

　　亭上秋风，记去年袅袅，曾到吾庐。山河举目虽异，风景非殊。功成者去，觉团扇、便与人疏。吹不断，斜阳依旧，茫茫禹迹都无。

　　千古茂陵犹在，甚风流章句，解拟相如。只今木落江冷，眇眇愁余。故人书报，莫因循、忘却莼鲈。谁念我，新凉灯火，一编太史公书。

姜夔当即写了一首和词：

　　云日归欤，纵垂天曳曳，终反衡庐。扬州

十年一梦，俯仰差殊。秦碑越殿，悔旧游、作计全疏。分付与、高怀老尹，管弦丝竹宁无。

知公爱山入剡，若南寻李白，问讯何如。年年雁飞波上，愁亦关予。临皋领客，向月边、携酒携鲈。今但借、秋风一榻，公歌我亦能书。

歌女将两首词唱完，丘崈也写好了和韵：

闻说瓢泉，占烟霏空翠，中著精庐。旁连吹台燕榭，人境清殊。犹疑未足，称主人、胸次恢疏。天自与，相攸佳处，除今禹会应无。

选胜卧龙东畔，望蓬莱对起，岩壑屏如。秋风夜凉弄笛，明月邀予。三英笑粲，更吴天、不隔莼鲈。新度曲，银钩照眼，争看阿素工书。

在嘈嘈切切的管弦声中，席间文士边饮酒边讨论诗词，极尽宾主之欢。

一位落魄文士姗姗来迟，却毫不客气地居于首席，原来是庐陵诗人刘过（字改之，号龙洲道人）。

众人感到惊诧之时，辛弃疾命人重整宴席，热情地给他斟酒。

管弦之声再次奏响，曲调已经变成了《沁园春》：

斗酒彘肩，风雨渡江，岂不快哉！被香山居士，约林和靖，与东坡老，驾勒吾回。坡谓西湖，正如西子，浓抹淡妆临镜台。二公者，皆掉头不顾，只管衔杯。　白云天竺飞来，图画里、峥嵘楼观开。爱东西双涧，纵横水绕；两峰南北，高下云堆。逋曰不然，暗香浮动，争似孤山先探梅。须晴去，访稼轩未晚，且此徘徊。

一曲终了，岳珂问道："此词言语洒落，善于用事，听着像是大人的作品，何以末尾有'访稼轩未晚'之语？"

辛弃疾笑道："这是改之所制。"

刘过掀髯有得色，说道："此乃效辛体而作。"

稼轩词慷慨纵横，于剪红刻翠之外屹然别立一宗，虽然许多文人争相效仿，但未有如刘过这般写得形神俱似。

"原来如此。"岳珂率然应道，"被香山居士，约林和靖，与坡仙老，驾勒吾回。词句虽佳，可惜没有刀圭药，治一治你的白日见鬼症啊！"

座中哄堂一笑，为之绝倒。

辛弃疾说道："过去我与陈同甫相知，同甫落笔千言，俊丽雄伟，珠明玉坚。可惜天不假年，每念及此常悲伤不已。今日读龙洲词，又是一才豪之士。"

刘过在幕府中住了月余，因母病不得不辞去，辛弃疾又送千缗为其治装。

嘉泰四年春（1204），六十五岁的辛弃疾被召赴行在。

在他整顿行装的时候，门人送来了信函，原来是陆游写的《送辛幼安殿撰造朝》：

稼轩落笔凌鲍谢，退避声名称学稼。十年高卧不出门，参透南宗牧牛话。功名固是券内

事，且茸园庐了婚嫁。千篇昌谷诗满囊，万卷
邺侯书插架。……古来立事戒轻发，往往谗夫
出乘罅。深仇积愤在逆胡，不用追思灞亭夜。

读完诗歌，辛弃疾有些出神。

门人不解地问道："大人在想什么？"

辛弃疾捻着胡须没有回答。

三十七岁的赵扩高高地坐在延和殿的龙座上，
接受辛弃疾的行礼。

赵扩优雅地说："朕听说辛卿在浙东时对盐鬻
之害，消弭之力颇多。"

辛弃疾答道："启奏陛下，盐法关乎民生，又
是国家赋税的来源，其间利弊不能不辨析清楚。
如今各地盐法都是官盐、私盐并行，官盐质粗
价高，需要倚赖强行配抑，而民间以此为苦。下
官不过因地制宜，减少官盐配抑而增加私盐流通
而已。"

赵扩称赞了几句，忽然说道："朕读了辛卿的
《美芹十论》，写得不错。"

辛弃疾愣了一下，才想起是过去呈给孝宗的奏

疏。"没想到陛下还能记得臣四十年前的上书。"

"金国北部蒙古族势力强大，金人压迫国内百姓，太行山东西以及河北、河南、山东等地汉人纷纷反抗。安丰守厉仲方说淮北流民愿意归附，韩丞相以为这是恢复中原的可乘之机，辛卿怎么看？"

听到皇帝询问边事，辛弃疾一下子激动起来，言辞慷慨地说："北地汉人望宋国之师久矣！完颜雍死后，能臣干将日渐凋零。继位者能力不及前任，初时尚能推行德政，不久便已荒废。臣以为金人必乱，宜亟攻。"

"这么说辛卿也赞同北伐？"

辛弃疾答道："若要对金用兵，应当做好充分准备，请将用兵的事委托给朝廷元老重臣。"

赵扩点头称是。

韩侂胄在府里办生日宴。来客如云，觥筹交错，满座都在谈论北伐的事。

从未见南方士人这么高的抗战热情，辛弃疾异常感动。刘过亦在座，且赋词一阕：

堂上谋臣帷幄，边头猛将干戈。天时地利与人和。燕可伐与？曰可。　　此日楼台鼎鼐，他时剑履山河。都人齐和大风歌，管领群臣来贺。

词章遍传四座，宾客们齐声称赞，韩侂胄也得意地拊掌大笑。

夜深灯阑，士人们谈兴愈浓。说起战争，仿佛真的可以谈笑间樯橹灰飞烟灭。

不过，辛弃疾却知道并不是那么回事，他忽然有些理解陆游的选择。

京口备战

嘉泰四年（1204）三月，京口进入了暮春时节。

辛弃疾加宝谟阁待制，提举佑神观，差知镇江府，皇帝亲自赐予金带。

天朗气清，辛弃疾站在北固亭上极目远眺，心中思绪万千。

长江在脚下静静地流淌，大江彼岸是一望无际的沃野，似乎还可以看到扬州城里的烟树。千里江山在落日余晖的映照下显得无比壮美，令人不自觉地生出空旷苍茫的悲怆之感。

这是京口，三国时期孙权曾在这里建立京城，并打败北方侵犯者曹操的军队；东晋末年刘裕也曾在这里建立基地，削平内乱，取代腐朽的司马氏政权，然后两度挥戈北伐，先后灭掉南燕和后秦，收复了洛阳和长安，建立了令人仰慕的千古功业……

历史早已消逝，还有几人记得那些金戈铁马、气吞万里如虎的英雄人物呢？

江南风景优美，土地肥沃，宋国君臣过着奢华安逸的生活，宁愿白白输送大量财帛给金国作为和平相处的代价。老百姓也忘记了国仇家恨，他们甚至将北朝入侵者拓跋焘在瓜埠山上建立的行宫当做佛狸祠，神鸦社鼓，香火不断。

辛弃疾悲不自胜，布满皱纹的脸上老泪纵横，心中的愤慨似乎要喷薄而出。

"岁星临于吴分，冀成淝水之勋；斗士倍于晋师，当决韩原之胜。尚赖股肱爪牙之士，文武大小之臣，勠力一心，捐躯报国，共雪侵凌之耻，各肩恢复之图。播告迩遐，明知朕意。"

他默默地诵读着。多么铿锵的语言，多么坚定的斗志！这是完颜亮南侵时赵构颁下的亲征诏，出自陈康伯的手笔。自己当年义无反顾地决策南归，何尝没有这份诏书带来的信心和鼓舞。可是几十年之后，宋金两国的对峙仍然存在！

他忍不住一声长叹："此诏若出于绍兴之前，可以无事仇之大耻；此诏若行于隆兴之后，可以卒不世之大功。然而此诏与此房至今犹存，真是可悲啊！"

逝者如斯，尚有多少时间和机会可以等待呢？

一个整军备战的计划在辛弃疾心里逐渐形成。

知己知彼，百战不殆，首先要派谍者到金国刺探军事信息。

辛弃疾说："谍者是军队的耳目，关系到战争的胜负与国家的安全。比年来有司只以银数两、布数匹给养谍者，又怎么能指望他们有朝一日捐躯深入敌境刺探消息呢？"

江东转运判官程秘问道："如何能够知道谍者刺取消息的真假呢？"

"当然要钩以旁证，使他们不得有所欺诈。例如派至幽燕之地的人，命他们到中山，再到济南。中山之地或背水或负山，官寺帑廪的方位和途径都要悉数告知。济南亦然。如此则可得到证验。"

辛弃疾对北地山川形势了如指掌，验证消息并非难题。他取出一叠方尺之锦发给谍者，作为沿途记录之用。几十名谍者奉命出发，潜入金国刺取消息去了。

辛弃疾又和府僚商议，准备预制军服，招募一支万人军队。

程珌问道："沿边就驻有大军，何必再招募军队？"

辛弃疾不得不解释道："从李显忠符离之役开始，中国之兵便有不战自溃的风气。百年以来，父以诏子，子以授孙，即便杀尽军士，也不能断去怯弱之气。驻军多来自通、泰、真、扬、舒、蕲州等地，这些人只会犁田耕作，一听到钲鼓之声就为之胆颤，和吴人一样只能作为禁旅列屯江上，以壮声威。真要渡淮迎敌，左右应援，则非沿边土丁断不可用。沿边之人从小走马臂弓，长大了骑河为盗，因为常常跟虏人斗争，对虏人的习性非常熟悉，更值得倚赖。"

程珌点点头。"只是招募之后应当如何处置？"

"既是重新招募，便不可与原军驻在一处，当另划一地，各分其屯。"

"为什么呢？"

"若与大军杂处，恐怕日渐月染，尽成弃甲之人。不幸有警，双方互相推诿，谁也不肯先进；或一有微小功劳，则彼此互相争夺，反戈自戕。"

程珌以为这不过是辛弃疾的成见，心里有些不以为然。

辛弃疾继续筹划着："招募万人只是初步计划。淮之东西分为二屯，每屯必得二万人乃能成军。淮东则于山阳，淮西则于安丰，择依山阻水之地为之屯，军士家属老幼都在其中生活，这样才没有后顾之忧。然后起用新的将帅严格教阅，使东西军彼此相应，气势雄起之后，自然能够不战而屈人之兵。"

他似乎看到，不久之后，长江边上出现一支战无不胜的雄师。

谍者陆续从金国回来，呈上了记录信息的尺锦。此次刺探活动，辛弃疾花去了四千缗。

程珌看到尺锦，不禁为之惊叹，只见上面写满了虏人兵骑之数、屯戍之地，以及将帅的姓名。

辛弃疾逐一阅看，越往后看，眉头皱得越深。

"虏人兵马尚有如此之数，真的可以征服吗？"辛弃疾沉重地问道。

程珌听出了辛弃疾的意思。从侦察到的情况来看，并不认为宋国有能力去征讨金国。

"可是朝廷已经决定要北伐了。"

"是啊，一旦做出决定，就很难改变了。"

又是一个静谧的晚上，大地沉入黑暗之中，帅府的书房中仍亮着微弱烛光。辛弃疾重新研究金国的驻防和将领，心里越来越感到绝望。完颜雍虽然已经去世，可生前的布局仍然沾溉后世。这样的驻防，以宋国之力能够击破吗？宋国的军队士气是如此低沉，纪律是如此散漫，战斗力是如此孱弱，如何能够临阵对敌？战场可不是演练场，充满血和火的残酷，一旦落败，便会招致可怕的后果。

那些在临安时的豪言壮语，原来只彰显了自己的无知。

辛弃疾又一次登上了北固楼，遥望北方山河，想起了南朝元嘉年间，宋文帝刘义隆效仿父亲刘裕兴兵北伐，因准备不足而草草收场。

他仰头问天："这次北伐，结果又会是如何呢？"

天并没有回应。

开禧元年（1205）三月，募军计划进展顺利，辛弃疾向朝廷详细奏报。

不久，朝廷降下了谕旨，一位过去荐举的通直郎张谦犯了法，辛弃疾以谬举之过被连降两官。

六月十九日，辛弃疾改知隆兴府，整军备战的计划无法继续推进了。

澹烟横江，薄雾层敛，月下传来鸣榔之声。

北固楼上灯火通明，府僚们设宴为辛弃疾饯别。

歌伎们按管调弦，开始唱了起来：

千古江山，英雄无觅、孙仲谋处。舞榭歌台，风流总被、雨打风吹去。斜阳草树，寻常巷陌，人道寄奴曾住。想当年，金戈铁马，气吞万里如虎。　　元嘉草草，封狼居胥，赢得仓皇北顾。四十三年，望中犹记，烽火扬州路。可堪回首，佛狸祠下，一片神鸦社鼓。凭谁问：廉颇老矣，尚能饭否？

这是辛弃疾新近作的《永遇乐》。

辛弃疾用手打着拍子，沉浸在乐声之中。

奏唱完毕，辛弃疾问道："此调如何？"

一名座客答道："此非诗人之词，亦非词人之词，乃是英雄之词。"

辛弃疾轻轻摇动着羽扇，对座客说道："烦请诸位指出不足之处。"

座客大都谦逊地推辞，有人讲了一两句，却不合辛弃疾的意，辛弃疾也不予理会。

岳珂说道："此词隽壮慷慨，发端便欲令人涕落，后段一气奔注，势不可遏。如果说有什么微小瑕疵的话，那就是用事太多了。"

辛弃疾赞许地说："不错，的确如此！"

丝弦之声再次响起，座中人又开始凝神静听。

辛弃疾说："唱一曲《贺新郎》吧。"

一曲终了，辛弃疾干了满满一杯酒，高声吟诵："我见青山多妩媚，料青山见我应如是。"又道："不恨古人吾不见，恨古人不见吾狂耳。"吟完，四顾问坐客："此调又如何？"

众人异口同声地叫好。

辛弃疾抚掌大笑，朗声说道："此调正合眼前之景。"

正在准备赴隆兴任职时，新的谕旨又传来了。言官攻讦辛弃疾好色贪财，淫刑聚敛，于是连隆兴知府的职位都被罢免了。

诏书上红得刺眼的朱砂印鉴，似乎在嘲笑他四处奔竞的晚年。

辛弃疾叹道："那就回上饶吧。"

早上坐船沿长江西行，傍晚已经到了仙人矶。

仙人矶紧靠长江东岸，突出于江中，扼守长江之喉，从来都是兵家必争之地。这是西晋王浚率领水军从益州出发，沿长江而下直取石头城时经过的地方，是南齐诗人谢朓写下"余霞散成绮，澄江静如练"的地方，也是唐代诗人李白写下"三山半落青天外，二水中分白鹭洲"的地方。

斜阳照在大江上，不远处就是六朝都城建康。

辛弃疾极目凝视，写下了一首《玉楼春》：

江头一带斜阳树，总是六朝人住处。悠悠兴废不关心，惟有沙洲双白鹭。　　仙人矶下多风雨，好卸征帆留不住。直须抖擞尽尘埃，却趁新凉秋水去。

数日后，舟行已至江西余干县，家园就在眼前了。

这是第三次罢职归乡了。辛弃疾心里充满悲愤："为官不过六百石，我这是向西汉邴曼容看齐呀。邴曼容为了砥砺节操而不担任超过六百石的官职，我却是命途不济，碰上一些叶公好龙的人。韩侂胄哪里是看重我的才能，只不过想借助我的盛名罢了。"

别来数年，瓢泉庄园又多了些风雨冲刷的痕迹。

燕可伐欤

开禧元年（1205）七月，宋国军队陆续汇聚到边境之上。

开禧二年四月下旬，北伐真正开始了。

宋国大军分成三路：东路从两淮出发，攻取徐州、亳州。中路从荆湖出发，威逼开封。西路从四川出发，进军陕西。金国迅速形成防御策略，以河南行省为中心，从东、中、西三路进行布局，分别抵制宋国的三路大军。

数月间宋军屡战屡败，到九月下旬已无力继续进击。

金国大军屯驻淮北，迫近宋国。

十月，金将仆散揆兵分九路南下：揆兵三万，出颍昌、寿州；完颜匡兵二万五，出唐州、邓州；纥石烈子仁兵三万，出涡口；纥石烈胡沙虎兵二万，出清河口；完颜充兵一万，出陈仓；蒲察贞兵一万，出成纪；完颜纲兵一万，出临潭；石抹温兵五千，出盐川；完颜璘兵五千，出来远。

十一月，金军从八叠滩渡淮，驻于淮水南岸。以凌厉之势夺取颍口，攻下安丰军及霍邱县；并屯于瓦梁河，进围和州，控制真州、扬州的要冲。宋军猝不及防，溃败而走，自相践踏，死者不计其数。

十二月，纥石烈子仁攻陷滁州，进入真州。十万余士民奔逃渡淮，淮西县镇全部沦陷。

南宋举国惊惶，犹如惊弓之鸟。

七十岁的丘崈须发俱白，以端明殿学士兼任江淮宣抚使，来到扬州。

这座刚刚被金人蹄铁践踏过的城市，到处弥漫着战争过后的烽火气息。城外荒地上高高耸起一座座就地掩埋的新坟，伤员被送去临时搭建的处所医治，地上的残肢断臂触目惊心，有的人不堪忍受疼痛而自杀身亡。

丘崈痛苦地闭上了眼睛："一败涂地，真是一败涂地！"

程珌叹道："百年教养之兵一日而溃，百年葺治之器一日而散，百年公私之盖藏一日而空，百年中原之人心一日而失。"

这样的结局，岂非正如辛弃疾当日所说？

面对金兵的凌厉攻势，部下劝道："何不放弃庐州、和州，退守长江？"

丘崈严词拒绝："如果放弃了淮南，敌人便兵临长江，便是与敌人共分长江险阻。我当与淮南共存亡！"

一道谕旨传到信州，进辛弃疾为宝文阁待制，差知绍兴府、两浙东路安抚使。

辛弃疾推辞道："我已不能胜任任何职位了。"

宣旨官固请："朝廷正在用人之际，望大人勿要推辞。"

辛弃疾深深地叹了口气：自己终究也只是个凡人，并没有起死回生的妙方——不仅对于屡次令他失望的朝堂，还有这具长年辛劳且饮酒过度的躯体。

那是从未有过的有心无力的感觉。

十二月，诏书又下，这次是进龙图阁待制，知江陵府，令赴行在奏事。

辛弃疾只好来到临安应对。

东南形胜，三吴都会，钱塘自古繁华。西湖边上，举目皆是烟柳画桥，风帘翠幕。市列珠玑，户盈罗绮，竞豪争奢。山外青山楼外楼，柳巷花衢中朝歌暮舞，浅斟低唱。沉醉在嬉游宴玩中的士人似乎对北伐的失利毫不知情，又或者并不关心。

奏事之后，辛弃疾被任命为兵部侍郎。

怀着坚定的去意，他连续两次上章辞免，最终获得了批准。

刚刚回到瓢泉庄园，门人送来了一封信函。原来是黄榦的来信，信中写道："今之所以用明公与其所以为明公者，亦尝深思之乎？"

辛弃疾望着蛙塘中渐次开放的荷花，伸出手折了一枝，深深地嗅着幽香。

"大人，是否需要回函？"门人恭恭敬敬地

问道。

"不必了。"辛弃疾把信函搁在书架上。

开禧三年（1207）春，金军攻势受到遏止，派韩元靓为使者来宋国议和。

朝廷上下无比欢欣鼓舞，此刻只要能够停止战争，纳币求和、称臣称侄都是等闲之事。

赵扩传召丘崈入内议事。

丘崈说道："大战之前，太师召臣于庆元府，臣已说过：'中原沦陷且百年，在我固不可一日忘，然兵凶战危，未可侥幸误国。'可惜太师执意如此。今日金人有意议和，朝廷应当移书金帅，促成和议。"

赵扩问："还需要注意什么呢？"

丘崈答道："金人指太师平章为首谋，若是移书，请暂免系衔。"

韩侂胄得知，罢免了丘崈的职位，命张岩督视江淮军马。

采石矶峭壁直插云霄，孤傲地挺立在长江边上。方信孺站在峰顶的峨眉亭中骋目四望，只见东、西梁山夹江对峙而立，仿佛是美人弯弯的眉毛。

自春至秋，这是方信孺第三次出使金国了。经过反复商榷，宋金双方达成了和议的约定。此番前往汴京，方信孺带着和约草稿，以及百万缗通谢钱作为发动北伐战争的代价。他心里毫无畏惧，只担心发生节外生枝的变故。

回想过去受到的恐吓和侮辱，这一次又会面临什么样的境况呢？方信孺蹙起了眉头，毅然地踏上了征程。

九月四日，方信孺从金国回来了。

韩侂胄急切地问："和议结果如何？"

方信孺答道："金人所欲者五事：割两淮一，增岁币二，犒军三，索归正等人四，其五吾不敢言。"

韩侂胄再三询问，最后不得不厉声诘之，方信孺才徐徐说道："欲得太师头。"

韩侂胄大怒，遂下决心整军再战。

初六日，秋风吹起，阵阵菊香从窗户飘进来。

辛弃疾正躺在床上养病，了无意趣。忽然嗅到了花香，精神为之一振。

"铁柱，该酿菊花酒了。"

"你糊涂了？铁柱早已不在了。"范氏嗔怪道。

"哦，铁柱不在了。"辛弃疾想起唯一早殇的儿子，默默地流下了眼泪。

门外传来一阵喧闹的声音，原来是朝廷派人来传旨。辛弃疾挣扎着起来后，宣旨官恭恭敬敬地说："朝廷除辛大人为枢密院都承旨，命疾速赴行在。"

辛弃疾苦笑道："我这个样子还能去吗？"

宣旨官犹豫了一下，说道："那么烦请大人写一篇劄子，交予下官去复命。"

窗外秋风萧瑟，辛弃疾据在书案上写了一封陈乞致仕的章奏。

初十日，朝廷同意辛弃疾致仕的请求，并赐对衣金带，以龙图阁待制致仕。

辛弃疾费力地取下戎装穿到身上，第一次感到这套盔甲无比沉重，似乎快把自己压倒了。他郑重地把宝剑佩戴在腰间，踉踉跄跄地走到铜镜前面。镜子里出现一名满头银丝的老翁，长须垂落到胸前，宽阔的肩胛依然那么笔直，却已失去往日的力量。他拔出佩剑高高举起，发现手在抖个不停，剑尖缓缓地垂落在地面上。

"廉颇老矣！"辛弃疾无奈地看着自己。

他醉倒在桌子旁边，很少像这样放开怀抱喝酒了。范氏命人把辛弃疾扶到床上，然后亲自清理桌子和地上的酒渍。

辛弃疾沉沉地睡着了。突然一阵凉风吹来，他睁开眼睛，看到满窗明月映照着摇曳的菊影。恍惚中，他似乎回到四风闸村的祖屋，手里挥舞着宝剑在菊花丛中翩翩起舞。祖父辛赞站在门口，和蔼地望着他，向他招了招手。他高兴地跑过去，想要去拉祖父的手。不料辛赞却突然变脸了，指着他怒骂："你怎么还不回来？"骂完以头抢地，撞出了满脸鲜血。

辛弃疾一下子从梦中惊醒，全身打着哆嗦，被子里都是冷汗。

"杀贼！杀贼！"

他郑重地把宝剑佩戴在腰间，踉踉跄跄地走到铜镜前面。

力竭声哑之后，辛弃疾僵硬地躺在床上，断了气息。

辛弃疾死后，家人把他葬在铅山县南十五里的阳原山中。家无余财，唯诗词、奏议、杂著书集传世。

辛弃疾
生平简表

●◎宋高宗绍兴十年/金熙宗天眷三年（1140）

五月十一日卯时，生于山东济南历城四风闸村。

●◎绍兴十九年/金海陵王天德元年（1149）

此年前后，从学于刘瞻门下，与党怀英并称"辛党"。

●◎绍兴三十一年/金世宗大定元年（1161）

完颜亮南侵，辛弃疾聚众二千余，其后归附耿京。

◎绍兴三十二年/大定二年（1162）

春，奉表通宋。得知耿京被叛徒张安国所杀，率众至敌营擒获张安国，献俘行在，改差江阴签判。

◎宋孝宗隆兴元年（1163）

兴兵北伐，遭遇符离之败。此前辛弃疾曾以策干张浚。

◎乾道元年（1165）

奏进《美芹十论》。

◎乾道四年（1168）

任建康府通判，与史致道、叶衡、韩元吉、丘崈等人交游唱和。

◎乾道六年（1170）

召对延和殿，论奏"阻江为险，须藉两淮"。迁司农寺主簿，作《九议》上虞允文。

●◎乾道八年（1172）

出守滁州，创奠枕楼、繁雄馆，治政有声。

●◎淳熙元年（1174）

春，辟江东安抚司参议官。旋以叶衡荐，迁仓部郎官。

●◎淳熙二年（1175）

六月，任江西提刑，督捕茶商军。闰九月，诱杀赖文政，平茶商军。

●◎淳熙三年（1176）

调京西转运判官。

●◎淳熙四年（1177）

差知江陵府兼湖北安抚使。冬，徙知隆兴府兼江西安抚使。

●◎淳熙五年（1178）

召为大理少卿。秋，出任湖北转运副使。

●◎淳熙六年（1179）

春，改湖南转运副使，奏进《论盗贼札子》。夏，改知潭州兼湖南安抚使。

●◎淳熙七年（1180）

在湖南赈灾，罢乡社，修学府，创置飞虎军。加右文殿修撰，差知隆兴府兼江西安抚使。

●◎淳熙八年（1181）

举办荒政，转奉议郎。冬十一月，改除两浙西路提刑，以言官论列罢职。是年带湖新居落成。

●◎淳熙九年（1182）

在上饶家居，与朱熹相会。

●◎淳熙十五年（1188）

陈亮来访，相与游于鹅湖，极论世事，弥旬乃别。

●◎宋光宗绍熙三年（1192）

春，赴任福建提刑，路经崇安，至武夷精舍与朱熹相会。在福建行经界钞盐之政。十二月，被召赴行在。

●◎绍熙四年（1193）

途次建阳，再访朱熹。至临安，召见便殿，论奏御敌之策。迁太府少卿。秋，知福州兼福建安抚使。

●◎绍熙五年（1194）

在福建置备安库，积镪至五十万缗。七月，以言官论列罢帅任。回上饶，修瓢泉别墅。

●◎宋宁宗庆元元年（1195）

家居上饶。韩侂胄当权，发起党禁，以理学为伪学。

●◎庆元四年（1198）

复集英殿修撰，提举建宁武夷山冲佑观。

●◎庆元六年（1200）

三月，友人朱熹卒，辛弃疾为文往哭之。

●◎宋宁宗嘉泰三年（1203）

起知绍兴府兼浙东安抚使，访陆游于鉴湖。

●◎嘉泰四年（1204）

韩侂胄欲发动对金战争。正月，召见，进言金国必乱，宜亟攻。差知镇江府，遣谍至金刺取消息。

●◎宋宁宗开禧元年（1205）

三月，坐谬举降两官。六月，改知隆兴府，旋被劾罢职。

●◎开禧二年（1206）

差知绍兴府兼两浙东路安抚使，辞免。进宝文阁待制，又进龙图阁待制，知江陵府，令赴行在奏事。

●◎开禧三年（1207）

试兵部侍郎，两次上书辞免。九月初十，以病去世，葬于铅山县南十五里阳原山中。